IBDP

Chinese B

Authentic Theme-Based Unit Design

中文B

大主题单元创作

吉华 冯薇薇 编著

简体版

前言

国际文凭组织（IBO）的大学预科文凭项目（IBDP）是国际教育领域普遍受到关注和认可的一个项目，中文作为IBDP中的语言习得（语言B）课程发展迅速。以每年5月参加IBDP中文B考试的人数为例，2006年5月为646人，2017年5月为3432人，12年间增加了4.3倍。需求的迅速增加吸引了越来越多的新人加入到IBDP中文B教师的行列中。在IB中文教师的微信群常常会有一些刚入群的新手教师急切地询问教授IB中文B的教材信息。然而，经历过若干年的IB教学后，教师们会慢慢发现，无论根据IB一贯的课程理念及2018年开始实施的新大纲，还是根据IB语言B学生的程度及学习特点来说，我们都完全有条件在教学中引入生活中的真实语言材料（Authentic Materials）。那么问题来了，现在只是在网络上可以找到的材料就已经浩如烟海，一个新手该怎么选材、加工乃至设计成一个像样的、符合IB理念的课程单元？这看起来是一项“大工程”！

这种担心是完全有理由的，更是应该引起关注的。本书的编写目的就是希望提供一个框架，让教师们在使用不同教材的同时，逐步加入一些最新的、符合学生程度和兴趣，并能兼顾教师个人兴趣点的真实语言材料，去创作“个性化的课程”。俗话说，“授人以鱼不如授人以渔。”如果教师们了解了设计课程时的主要因素，手里有了设计课程的方便工具，那么在本书介绍的中文B

个性化课程创作框架的指导下，至少可以在自己的教学中进行尝试，慢慢找到自己的特点，让教学成为一种激发灵感的创作。

本书试图提供的主要是 IBDP 中文 B 课程在实施课堂教学活动前的思路和框架的设计，也就是说，具体的课堂教学活动安排不在本书涉及的范围内。关于这方面的内容，有相当数量的网络资源、教科书和参考书可为新手教师们提供借鉴。

我们大致将 IB 中文 B 课程的设计分为右图所示的三个阶段：

第一阶段是熟悉和理解 IB 语言 B 的课程大纲，本书以 2018 版（2020 年首次考试）语言 B 大纲为依据。

第二阶段是本书最核心的内容，也就是概念驱动的大主题单元创作框架的设计方法。笔者根据多年的教学经验提出了“概念驱动的大主题单元创作框架”，以期较为有效地将 2018 版 IB 语言 B 大纲所要求的学习主题与概念型教学的理念融入到课程设计中。

第三阶段是在大主题单元框架建立后，根据 IB 语言 B 的评估要求设计适当的评估活动以及教学流程，以期达到培养学生用目的语言实现沟通的目标。

本书的编写宗旨在于激发教师们的教学创作灵感，书中所提供的实例仅为解释课程设计框架的思路及应用。如果此框架在您创作出下一个满意的单元中起了一定的作用，那本书的目的就达到了。

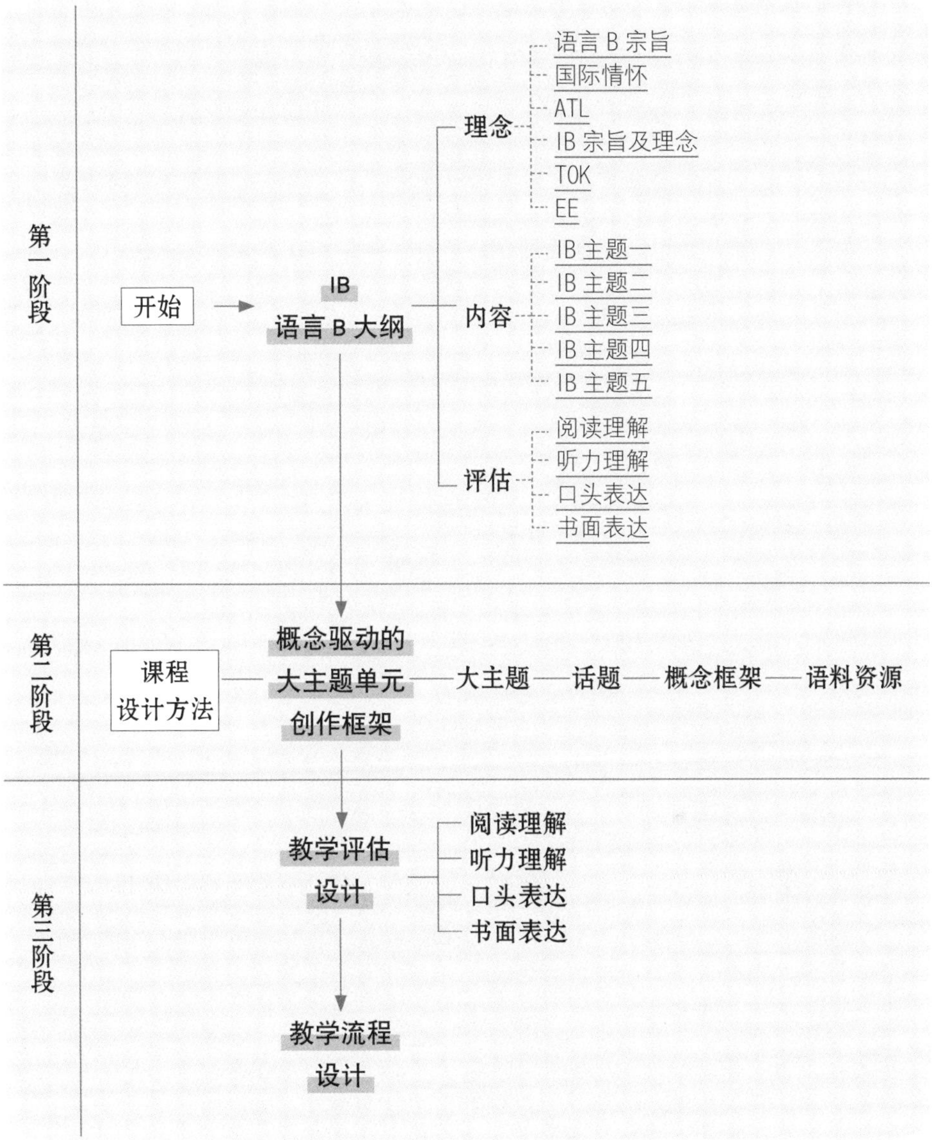

概念驱动的大主题单元创作框架课程设计流程

目录

内容概览

- **上篇 大主题单元创作准备**
  - **第一节：熟悉理解 IB 语言 B 大纲**
    - **技能评估**
      - 课时要求
      - 语言 B 交流技能
      - 评估概要
      - 评估标准
    - **教学内容**
      - 五大教学主题
        - 身份认同（Identities）
        - 经历体验（Experiences）
        - 发明创造（Human ingenuity）
        - 社会组织（Social organization）
        - 共享地球（Sharing the planet）
      - 语言及文本
      - 概念和概念型教学
    - **教学理念**
      - 国际情怀
      - 与 TOK 认识论的联系
      - ATL 学习方法技能
      - CAS 创造 / 活动 / 服务
  - **第二节：大主题单元创作框架原则**
    - A：与现实生活（家庭、学校、社会）紧密结合
    - B：以华人世界独特的经济文化现象为线索
    - C：确定单元大主题内容框架图以及相关的 IB 主题下的话题
    - D：以概念统领整合主题单元的创作及教学活动
    - E：根据 IB 评估标准进行教学评估活动设计
  - **第三节：大主题单元创作实用工具**
    - IB ATL Unit Design Templates
    - UbD Templates
    - Visible Thinking Routines
    - Brain Frames
    - Visual Tools for Teaching

下篇 大主题单元创作案例

附录

上篇

大主题单元创作准备

- 熟悉理解 IB 语言 B 大纲
- 大主题单元创作框架原则
- 大主题单元创作实用工具

2018 版（2020 年首次考试）IB 语言 B 的教学大纲概要分为三个不同的层次：

A. 语言技能评估	B. 教学内容 / 方法	C. IB 教学理念
语言 B 学习目标：交流 语言交流技能： 1. 接受技能 2. 表达技能 3. 互动交流技能	语言 B 学习主题 语言 + 文本 语言 B 中的概念	国际情怀 与 TOK 认识论的连接 ATL 技能（学习方法） CAS 创意、活动、服务

大纲概要中的语言技能是语言 B 学习的核心目标，教学内容和方法是实现语言 B 目标的手段，而贯彻 IB 教学理念则是 IB 使命宣言中的培养目标对语言 B 的要求。

第一节　熟悉理解 IB 语言 B 大纲

一　语言 B 的教学目的和技能评估

语言 B 课程的目的是使学生在经过一定时间（SL: 150 小时; HL: 240 小时）的学习后能掌握必要的语言技能，并对目的语文化有一定的理解，从而能够在所学语言的真实环境中针对一定的话题成功地进行交流。也就是说，沟通交流是学习语言 B 的目的，而语言的交流技能包括了以下三大类：

接受技能：（试卷二）听力理解、阅读理解

表达技能：（试卷一）书面写作、口头表达（个人口头活动）

互动交流技能：书面互动、口头互动（个人口头活动）

这三类语言技能的评估概要及评估标准如下：

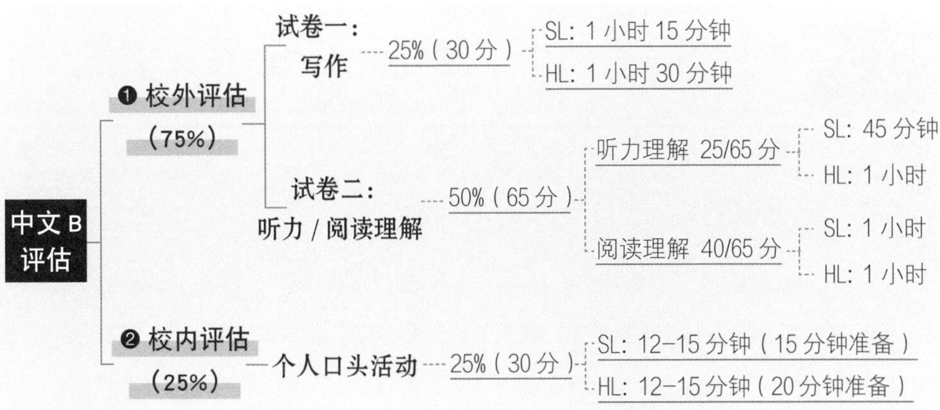

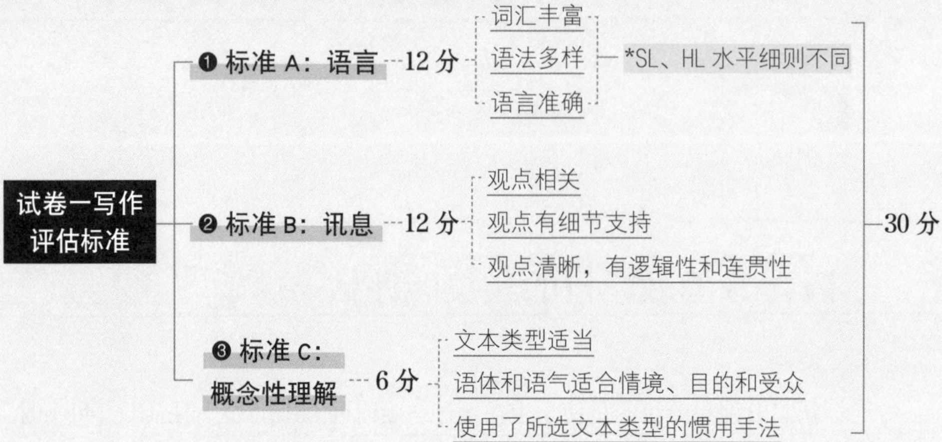

★ 试卷一 SL 和 HL 评估标准细节请参照 2018《语言 B 指南》。

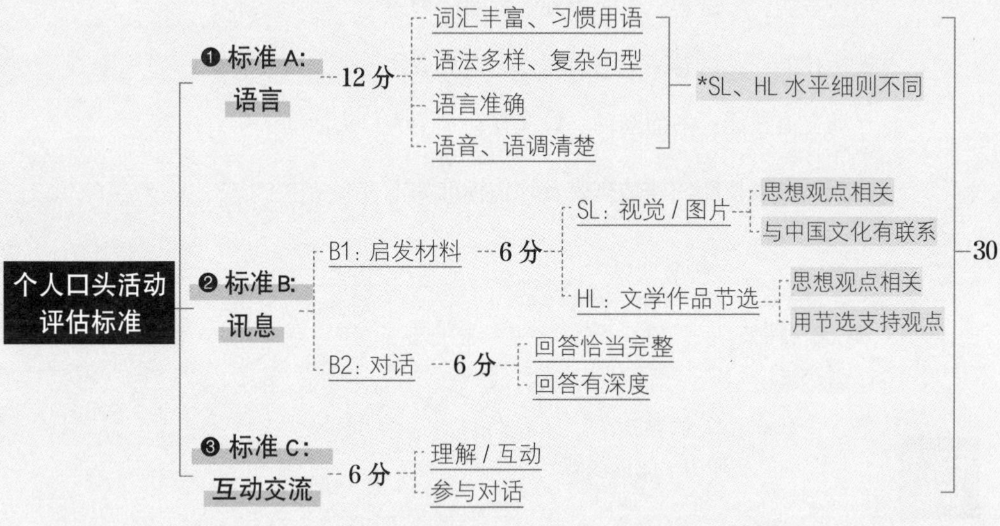

★ 个人口头活动评估标准细节请参照 2018《语言 B 指南》。

二 语言B的教学内容和方法

● 五大教学主题

2018版（2020年首次考试）语言B大纲规定了五大教学主题，并在每个规定主题下给出了一些可选用的推荐性话题。

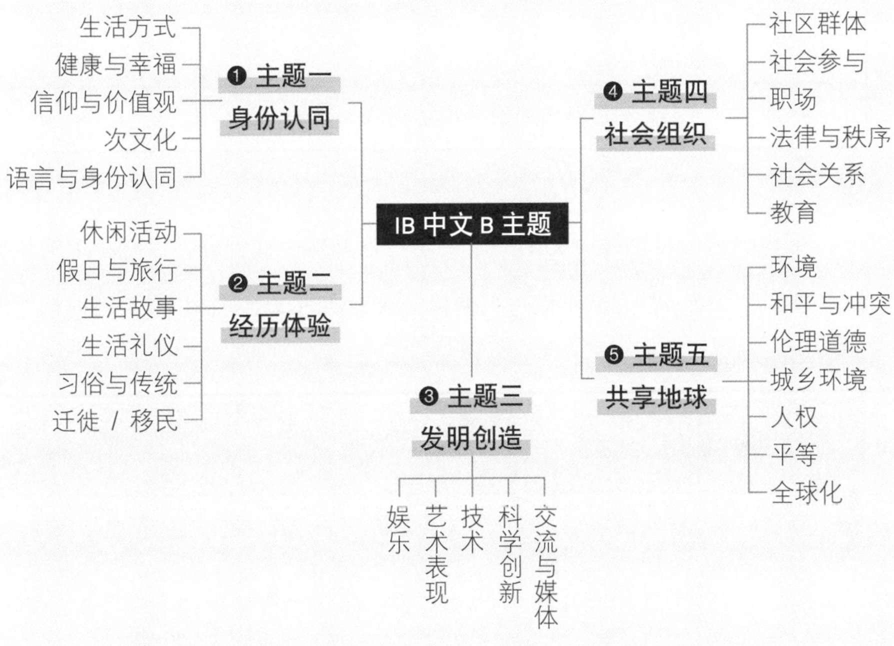

在后文有关IB教学理念部分会介绍布鲁姆认知过程维度的六大技能，这些技能处于不同的思维层次。为了培养学生的高阶思维能力，教师们可以考虑将推荐性话题分为两类。一类是较为简单的、基于“是什么”的话题，主要用于培养学生“记忆”“理解”“应用”等基本技能；另一类是相对复杂的、基于“为什么”的话题，主要用于培养学生“分析”“评价”“创造”等高阶技能。

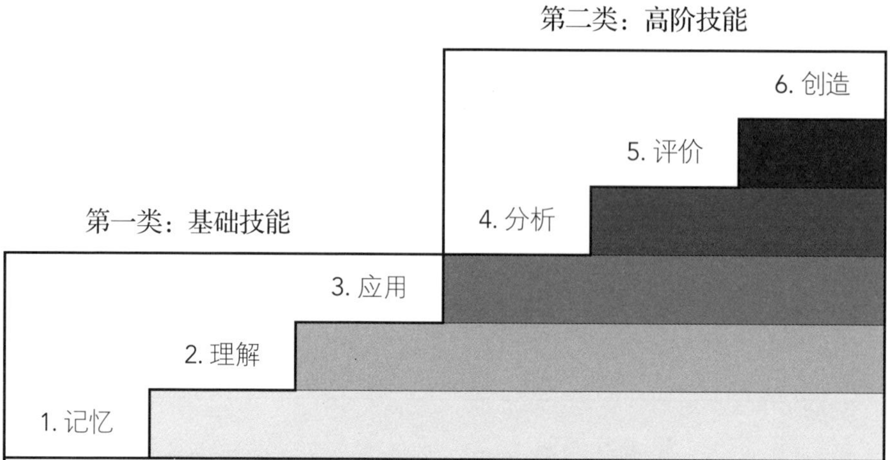

基于布鲁姆知识分类法划分的两大技能分类

下表给出的是话题分类的一个例子。很显然，这种分类没有特定的指标性参数，没有唯一性，教师们可根据自己收集到的教学资源以及自己对话题的兴趣和理解进行分类。

主题一 身份认同	主题二 经历体验	主题三 发明创造	主题四 社会组织	主题五 共享地球
探索自我的本质以及怎样做人。	探索并讲述塑造我们生活的事件、经历和旅程的故事。	探索人类发明创造与创新影响我们世界的各种方式。	探索各类人群通过共同系统或兴趣组织自己或者被组织的方式。	探索现代世界个人与社区面临的挑战和机遇。
第一类话题：是什么　　基本技能：记忆、理解、应用				
生活方式 健康与幸福 次文化	休闲活动 假日与旅行 生活故事 生活礼仪	娱乐 艺术表现 技术 科学创新	社区群体 社会参与 职场 法律与秩序	环境 和平与冲突 伦理道德 城乡环境

主题一 身份认同	主题二 经历体验	主题三 发明创造	主题四 社会组织	主题五 共享地球
第二类话题：为什么　　高阶技能：分析、评价、创造				
信仰与价值观 语言与身份认同	习俗与传统 迁徙 / 移民	交流与媒体	社会关系 教育	人权 平等 全球化

在实际进行教学单元设计时，我们会发现 IB 大纲的推荐话题之间其实存在着紧密的跨主题联系。比如，“社会组织”主题下的“职场”这一话题，在上表中被归为第一类话题，也就是说，学习材料可以选择内容较为简单的文本，如介绍某些职业的特点、工作内容、工作申请、职场有影响的人物等的文本。同时，职场中可能存在着歧视、性别不平等、玻璃天花板等问题，又属于“共享地球”主题下的“平等”这个第二类的话题。正是因为不同主题之间的联系，我们在设计课程时才有了个性化创作的可能，而同时还能根据学生不同的学习能力，通过相关的两类话题因材施教。

● 语言及文本

语言 B 中的文本按照文本的性质不同分为书面、口头、视觉、视听文本四大类。如按照受众的性质不同又可分为个人文本、专业文本和大众媒体文本三大类。教师在选择教学材料时，各类文本应做到平衡，并根据学生水平尽量使用针对母语读者的真实语料。

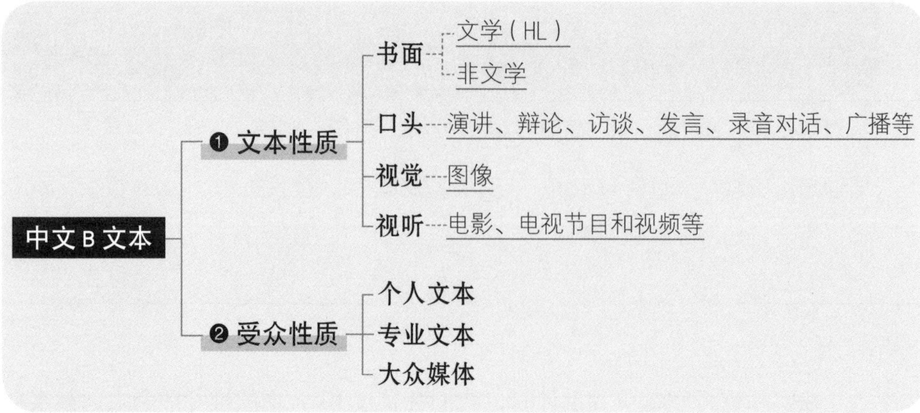

● 概念和概念型教学

概念型教学与学习（Concept-Based Teaching and Learning）是 IB 的 ATL 教学法中非常注重的理念之一。这一教学理念强调概念在教学中的重要地位，并注重学生对所学知识的概念性理解（Conceptual Understanding）。

●● 知识中的概念

布鲁姆将知识的维度分为四大类，也就是事实性知识、概念性知识、程序性知识以及元认知知识。这样的分类也凸显了概念性知识的重要性。这四类知识都是我们在教学过程中需要考虑的，但在课程设计阶段，我们尤其需要区分事实和概念这两类知识，并厘清概念和主题的关系，这样才能实施概念型的教学。

那么，概念究竟是什么？ Lynn Erickson 博士曾作为专家为国际文凭组织 MYP 概念型教学提供咨询。她在 *Concept-Based Curriculum and Instruction for the Thinking Classroom* 一书中是这样定义概念的：

“Concept is a mental construct that frames a set of examples sharing common attributes. Concepts are timeless, universal, abstract and broad.”

汉典网（http://www.zdic.net/）上概念的中文定义为：

“在头脑里所形成的反映对象的本质属性的思维形式。把所感知的事物的共同本质特点抽象出来，加以概括，就成为概念。”

毛泽东的《实践论》则说道：

“概念这种东西已经不是事物的现象，不是事物的各个片面，不是它们的外部联系，而是抓着了事物的本质，事物的全体，事物的内部联系了。”

Lynn Erickson 总结出了概念的五大特征：

1. Timeless 永恒的（不被锁定在特定时间点）
2. Universal 普遍的（不被锁定在特定地点或情景）
3. Abstract to varying degree 抽象的（不同程度的抽象）
4. Represented by one or two words 简洁的（可由一两个词表示）
5. Examples share common attributes 具有共性的（不同例子都具有共同的属性）

除了这五大特征之外，我们还应该了解，概念并不是孤立存在的。概念在一定的主题下，按照一定的结构加以组织，从而形成我们所谓的知识。知识就好像一张巨大的蓝图（Big Picture），由抽象的概念、归纳、概括、原理、理论等组成了一个相互关联的、有连贯逻辑关系的、按照一定模式和结构连接起来的概念框架。没有这样的结构蓝图，就谈不上知识。

●● 概念与主题的区别

在课程设计中，区分概念与主题显得尤其重要。如果我们用盖房子来比喻课程设计的话，主题和事实性知识只占据比较基础的一部分内容，而概念型教学则着眼于高阶思维能力的培养，是主体工程，忽视这一部分是教学中很大的损失。

事实上很多教师已经在某种程度上将概念型教学的一些理念引进了课程

设计和教学中。在某些学科，不教授概念甚至是不可能的。但是，为了系统地使用概念整合各主题，我们就需要先区分概念和主题。

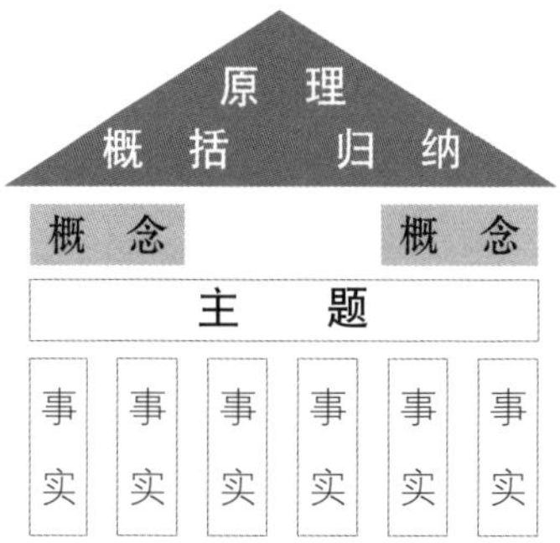

概念与主题

> Concepts are not intended to replace content; they are to bring purpose to the content students are exploring. (*Getting the Big Idea*, Joanne Edwards & Josh Edwards)

那么，主题和概念究竟有什么不同呢？下表是 Bray 和 Erickson 用来说明两者区别时所使用的一些例子。

主题 Topics	Concepts 概念
人体 The Human Body	系统 Systems
舞台搏击 Stage Combat	冲突 Conflict
团队运动 Team Sports	社区 Communities
园艺 Horticulture	可持续性 Sustainability
缝纫 Sewing	美学 Aesthetics
奴隶制 Slavery	压迫 Oppression
超现实主义 Surrealism	象征主义 Symbolism
动词变位 Verb Conjugation	关系 Relationships
作者的目的 Author's Purpose	角度 Perspective
几何转换 Geometrical Translations	改变 Change
敲击的节奏 Percussive Rhythms	模式 / 形式 Pattern
电脑排版 Desktop Publishing	交流 Communication
Bray 2012 and Erickson 2007, 2008, and 2011	

如果我们比较一下主题和概念的例子，就可以看出其中最大的区别在于：主题是被锁定在特定的时空和情境中的，而概念则更普遍、更抽象，能涵盖更多其他领域的例子。比如，“人体”这个主题局限于人的各个器官及其功能以及它们的相互联系，也就是说，人体只是一种系统，但系统可以包括更多其他领域的例子，如水利灌溉系统、生态系统、地球系统、电脑操作系统等。因此，我们在设计人体这个主题的教学时，不仅要让学生了解人体的各个器官以及它们的功能作用，而且要让学生以人体作为例子，了解“系统”这一概念的共性。比如，一个系统内有两个或两个以上的组成部分，每个部分有各自的功能和作用，它们按照一定结构组成一个具有某种特定功能的有机体。有了系统这个概念，学生就更有可能达到对知识的“深层次理解”，能在新的情境中灵活应用系统这一概念来分析新的问题。

由于概念的高度概括性，学习概念可以说是“一字千金”“事半功倍”。在今天这个信息和知识爆炸的时代，以概念为基础设计教学恐怕是教育者不得不做的选择。

2018 版语言 B 新大纲中包括了五大主题，29 个推荐性话题，普通课程 SL 要求在 150 个学时内完成，高级课程 HL 虽然有 240 个学时，但如果考虑到 HL 两部文学作品的学习，在规定学时内全面覆盖所有话题并不是一件轻松的事情。Lynn Erickson 博士在她撰写的 *IB Position Paper: Concept-Based Teaching and Learning* 中说，“Less factual coverage can open door to deeper thinking and understanding”。如果需要在话题内容和概念之间做选择，我们应该怎么做？授人以“鱼”还是授人以“渔”，这对教师们来说还是一个问题吗？

2018 版语言 B 大纲中的概念

2018 版语言 B 教学大纲概要包括了语言习得课程所要重点掌握的五个概念：

1. 受众 Audience
2. 情境 Context
3. 目的 Purpose
4. 意义 Meaning
5. 变异 Variation

理解这些语言习得的概念对于发展学生的语言交流技能极为重要。因此，新大纲直接或间接地对相关的概念性理解进行评估。例如，在试卷一的书面写作评估中，考生需要根据考题设定的情境和目的，选择适当的受众和文本类型进行写作。另外，试卷一的评估标准中概念性理解占到 20%（6 分 /30 分）。在试卷二的听力理解部分，学生需要根据听力材料判断情境、受众、目的，特别是这其中可能涉及不同地区语言的变异，对这些概念的掌握程度会影响对听力材料意义的理解。

前面谈到，概念是抽象的，而且有不同的抽象程度。上面这五大概念是语言习得学科内的概念。在实际设计课程时，教师们不必局限于这五个概念。更具体的中文 B 语言习得概念（如偏旁部首、成语、语法、篇章、语气、风格等）和更抽象的 TOK 概念、其他学科的概念以及跨学科的宏观概念等都可以考虑。概念的选择要取决于主题、话题、学生的背景以及教师的经验、阅历、个人目标、教学理念等因素。这也是概念型教学能够容纳更加个性化的课程创作的重要因素。

三 IB 教学理念

2018 版语言 B 教学大纲概要中提到的 IB 课程理念主要包括四项：国际情怀、语言 B 与 TOK 认识论的连接、ATL 教学与学习方法、CAS 创造 / 活动 / 服务。

● 国际情怀

国际情怀是贯穿整个 IB 教育的核心，更是 IB 有别于任何国家教育体系的独特之处。在今天这个信息科技日益发达、国际间联系日益紧密的时代，培养具有国际情怀的未来世界公民越来越受到各国教育者的关注。

IB 所说的国际情怀主要包括三个核心内容：多语言能力、跨文化理解和全球参与。

语言 B 学科组的存在正是培养多语言能力在 IB 课程设置环节的体现。多语言能力不仅给学生提供了国际间交流的工具，更重要的是让学生通过不同语言的学习，了解不同语言体系下的不同文化是如何观察、分类、看待我们的世界的。因此，在设计语言 B 的课程时，我们所要教授的就不仅仅是生词、语法、句子等纯语言的内容，还应该适当包括这些语言细节背后所体现的更有意义的文化、思维和世界观。

语言和文化是相互交织在一起的，任何一门语言课程都不可避免地会遇到在相应文化背景下的独特语言现象和话题。有意识地将文化因素纳入课程中，能帮助学生了解目的语的文化，也能促使学生对自己的文化进行反思，有助于提高学生的跨文化理解能力，帮助他们理解“尽管人与人之间存在着差异，但他人的意见也可能是正确的”这一 IB 教育的宗旨。

国际情怀不仅是多语言能力和对别国文化的理解，更重要的是“全球参与”的行动。除了积极鼓励学生在学科及 IB 课程相关范围内（如中国文化俱乐部）参与学校的 CAS 活动外，从课程设计的角度我们可以考虑加入适当的学习材料，深入探讨全球面临的诸如全球化、能源、环境、男女平等、教育公平等问题，通过教学材料的选取和教学活动的安排，启发学生们积极行动，参与改变，让我们的世界成为更加美好、更加和平的地球村。

● 语言 B 与 TOK 认识论的连接

认识论是比各个学科知识（如语言与文学研究、语言习得、个体和社会、科学、数学、艺术等）更加抽象、更加普遍的关于知识构建的课程。认识论利用在不同的知识领域人类获取知识的不同方法来探讨知识的本质，培养学生的批判性思维技能，让他们学会如何学习。

2015 年首次考试的《认识论指南》中包括了数学、自然科学、人文科学、艺术、历史、伦理学、宗教知识体系和本土知识体系这八个知识领域的共享知识，还涉及个体构建个人知识的八类认识方法：语言、感知、感情、推理、想象、信仰、直觉和记忆。

学习一门新的语言与认识论的连接是相当紧密的。语言本身即是认识方法的一种，它不仅是记录、储存、交流知识的工具，而且不同的语言由于其语

> Education is not the learning of facts,
> but training the mind to think.
>
> By Albert Einstein

言规则的不同，在很大程度上也塑造了知识和思维方式，成为知识不可或缺的一部分。在教学中如能深入探讨汉字这种书写系统以及汉语语法规则的独特性，会启发学生更好地理解语言对知识和思维的影响，了解中国及汉字圈文化，也就是认识论所说的“本土知识体系”这个知识领域。从学习中文这种非拼音文字的角度，教师也可以通过考察上面的八类认识方法来鼓励学生思考和反思他们是如何获得中文的技能和能力的，哪一种认识方法对学习汉语或一门外语更为有效。对认识方法的探究会鼓励学生思考他们学习的元认知技能，以达到学会学习的目的，同时还能通过对自身的认识，推己及人，培养同理心和国际情怀。

认识论所使用的个人知识 / 共享知识、知识论断 / 知识问题、认识方法、知识领域以及研究知识领域的知识框架等都可以体现在中文 B 的教学中，从单元设计的概念、教学材料的选取，到教学方法、学习方法的选择，再到课后反思等不同教学环节，教师们可以根据自己的情况实践。对新手教师来说，结合 TOK 是相当有挑战性的任务，但是随着经验的增长，这绝对是一个值得尝试的方向。

下面是几个将 TOK 概念与语言 B 结合的例子，供教师们参考。

TOK 内容	TOK 在语言 B 教学中的相关应用
认识方法：语言	**概念性理解：语言塑造思维** 可在“语言与身份认同”主题下直接选用合适的文章作为阅读材料或讨论话题。 可在学习语法或讲解中文语言特点时引导学生思考不同的语言体系对思维有什么潜在的影响。TED Talk 中有一些非常有趣的视频可以采用。也可与英文或学生的其他母语做比较。
认识方法： 情感 / 推理 / 想象	**语言 B 的表达技能：**应用感情、推理、想象等认识方法提高语言 B 写作及口头活动中观点的说服力。
认识方法：记忆	**学习方法：** 记忆对汉语学习的重要性 记忆过程：学习 / 编码、储存、回忆 / 读取（了解记忆的过程及影响因素，有利于学生找到适合的学习方法）
知识框架： 1. 范围 / 应用 2. 语言 3. 方法学 4. 历史发展 5. 与个人知识的联系	知识框架给出了对共享的知识领域进行探讨的五个方面。下面介绍的是知识框架的总原则与语言 B 课程设计相连接的几个简单例子。对中文 B 的课程设计有相当重要借鉴意义的本土知识领域在后面讨论。 **语言：**可应用于教学、学习方法 探讨专用术语和概念在某知识领域所起的作用。在教学中可以突出某一教学主题（或单元、课文）下的主题词语和所要探讨的重要概念。 **历史发展：**可应用于探讨任何主题下的“变化”这个概念，如传统节日庆祝方式的变化、人与人之间关系的变化、媒体传播形式的变化、全球化等。 **与个人知识的联系：**特定主题下阅读材料的选择及观点探讨对某知识领域有杰出贡献的个人故事；某知识领域对个体的意义及影响（身份认同、发明创造、共享地球等主题）；掌握了知识的个体有什么责任（教育单元中的观点探讨）。

TOK 内容	TOK 在语言 B 教学中的相关应用
本土知识体系	中国的语言文化与西方差别巨大，TOK 探讨本土知识体系的框架内容对我们进行中文 B 的课程设计有极好的借鉴价值。 **语言：**中文 B 涉及 TOK 的本土知识体系，在这一领域中，语言的作用极为重要，例如中国民间文学的故事、歌谣、说书、神话传说、民间传说等口头传统，与保留在书面文字中的传统对中国特有文化的传承有重要的意义。这两种记录都可以作为教学材料选用，以探讨一些重要的概念性理解，如中文如何使用比喻和类比；在习俗的传承中长辈所起的作用，中国文化中集体超越个体的重要性；家的概念，面子、荣誉等概念。 **方法学：**研究本土知识体系所用的方法学涉及中国特有传统的传承方式，如记忆在世代相传的口头传承中的作用；在传统的礼仪仪式中所感受的属于中国人的共享情感；民族音乐、手工艺品中包含的听觉、视觉的美的感受；常用的推理体系；利用感官感知解释所观察到的自然现象等。这些文化传统既可作为相关主题下的教学材料，也可参考 TOK 所探讨的核心问题作为重大概念性理解来统领教学单元设计。 **历史发展：**研究本土知识体系的历史发展一定会碰到传统与变化这两个概念，尤其是在中国对外开放日益深化、全球化进程日益加快以及互联网高度发达的今天，中国的传统文化与世界的碰撞必定会越来越激烈。传统与变化成为学习中文 B 绕不过去的大主题，而且几乎涉及到语言 B 大纲要求的每个主题。 **与个人知识的联系：**在中国特有的知识文化体系中，一些做出杰出贡献的个人的故事是学习中文的好材料。此外，由于中国历史悠久，却又饱受苦难，中国独特的文化对与之相关的个人身份认同有着极为重大的影响。如果中文 B 的学生中有这类学生，探讨身份认同和传承责任可能是一个好话题。最近看到中国内地 CCTV4 中一个叫《谢谢了，我的家》的节目，通过受访者的故事，讲述了人们家传的精神和传统。这类节目与 TOK 探究本土知识体系与个人知识的联系非常契合。

<table>
<tr><th>TOK 内容</th><th>TOK 在语言 B 教学中的相关应用</th></tr>
<tr><td>知识问题</td><td>
<table>
<tr><td rowspan="2">第一层次</td><td>真实生活情境</td></tr>
<tr><td>学科 / 知识领域 / 情境中的专门词汇</td></tr>
<tr><td rowspan="2">第二层次</td><td>知识问题</td></tr>
<tr><td>TOK 普通词汇</td></tr>
</table>
TOK 中一个极为重要的概念就是知识问题。知识问题所关注的不是特定学科或真实生活情境中（第一层次）的具体问题，而是关于知识的论断是否有效，是在较高的抽象阶层上（第二层次：知识层面）关于知识的获得、产生、形成、分类、地位、接受等方面的问题。这种在不同抽象阶层进行思考的训练对语言 B 的学习有极大益处。教师如果能将 TOK 的这种思维训练方法 —— 抽象与概括（Abstraction and Generalization）应用在具体的教学活动中，比如在课堂上使用抽象阶梯（Abstraction Ladder）作为工具，引导学生针对不同抽象层级的词汇和观点进行区分辨别，可以帮助学生加深对学习材料的理解，并使得表达的内容充实，言之有物。教学中常见的情形是学生可能有足够的词汇和语法表达真实生活情境中具体琐碎的细节，却很难把这些细节上升到一个较高的抽象阶层上。当然，能够游刃有余地穿梭于不同抽象阶层进行思考和表达是需要大量训练的，但却是非常值得尝试的。
</td></tr>
</table>

总之，TOK 认识论课程与语言 B 有相当紧密的联系，其内容可在以下三方面对中文 B 有所借鉴：1. 教学材料选取；2. 教学方法：重要概念 / 思维训练；3. 学生的学习方法。教师们可以先从教学材料的选择入手，再进一步学习借鉴 TOK 的一些较为熟悉的概念，最终过渡到应用 TOK 的思维方式引导学生

的书面和口头表达，如观点采择（Perspective-taking）、批判性/审辨性思维（Critical-thinking）等。

● ATL 技能（教学方法与学习方法）

教学方法和学习方法（Approaches to Teaching and Learning）一直是 IB 强调的核心要素。随着信息技术的普及和进步，在当今信息和知识触手可得的新情境下，其重要性日益凸显。在学科知识之外学校应该培养学生哪些高效学习的技能以适应未来的需要，已引起教育界越来越多的关注。学校的教育理念正在逐渐从重视知识内容转向重视学习过程，从学什么转向怎么学。

这里所说的高效学习的技能包含了元认知技能、认知技能以及情感掌控技能三大类。我们可以把每一类技能的作用与中国军队以往的组织架构做一个形象的比较。

<table>
<tr><th>军队组织（职能）</th><th>学习技能 Learning Skills</th></tr>
<tr><td>中央军委（指挥、决策）</td><td>元认知技能 Metacognitive Skills</td></tr>
<tr><td>总参谋部（组织、实施、策略、训练）</td><td>认知技能 Cognitive Skills</td></tr>
<tr><td>总政治部（为作战提供思想情感保障）</td><td>情感掌控技能 Affective Skills</td></tr>
<tr><td>总后勤部（提供服务保障）</td><td rowspan="2">服务、设施、工具
Services, Facilities, Tools</td></tr>
<tr><td>总装备部（提供装备）</td></tr>
</table>

元认知技能就像我们学习的指挥部，负责制订目标、计划，监控、评估学习过程，并根据学习的效果及时调整策略，以期达到最有效的学习；认知技能就是我们传统上说的“学习”技能，包括处理信息、分析、思考和熟练运用各种策略的能力，这也是传统教育最关注的部分；情感掌控技能是学习过程中非认知能力的部分，比如学习的内驱力、毅力、抗挫力等学习态度因素。这一

分类法让我们看到，不少学校至少在元认知和情感掌控这两大类技能上对学生的训练还相当不足。除了在教学环节加强这两方面的训练，在课程设计阶段也可以在合适的主题下（比如教育、社会关系、健康等主题）直接作为教学内容引入。

IB 将以上这些高效学习的技能按学生在 DP 阶段的学习活动分为五大类：

1. 思维技能

2. 交流技能

3. 社交技能

4. 自我管理技能

5. 研究技能

除了前面提到的 TOK 批判性思考、元认知技能等思维技能外，与课程设计极为相关的要算高层次思维技能。这一概念来源于布鲁姆知识分类法。

1956 年，布鲁姆提出第一版布鲁姆知识分类法。1999 年，布鲁姆的学生安德森博士和同事一起出版了布鲁姆分类法的修订版，该修订版区分了“知道什么”的知识维度和“知道怎样做”的认知过程维度。

知识维度把知识分为四大类：事实性知识、概念性知识、程序性知识和元认知知识。这四大类知识都是教师需要在教学设计时考虑的，甚至是应该采取显性教学法（Explicit Teaching）直接教授的内容。这四类知识中，事实性知识和程序性知识我们比较熟悉，但概念性知识和元认知知识是传统的教学中较为缺乏的。如果我们观察那些所谓的“学霸”们，他们基本上都是掌握和应用这两类知识的高手。

如果说知识维度告诉我们“学什么”，那认知过程这个维度告诉我们的就是“做什么”，也就是我们希望学生掌握什么层次的技能。布鲁姆分类法一共有六种技能，从简单到复杂，从低阶到高阶排列如下：

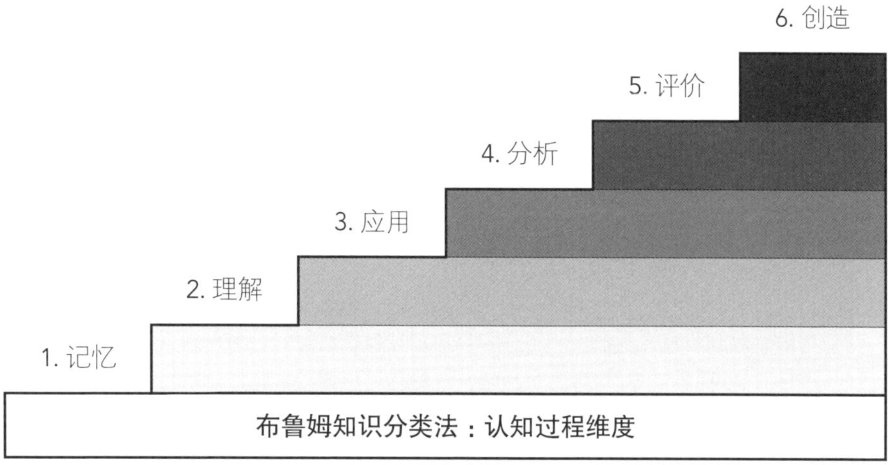
6. 创造
5. 评价
4. 分析
3. 应用
2. 理解
1. 记忆
布鲁姆知识分类法：认知过程维度

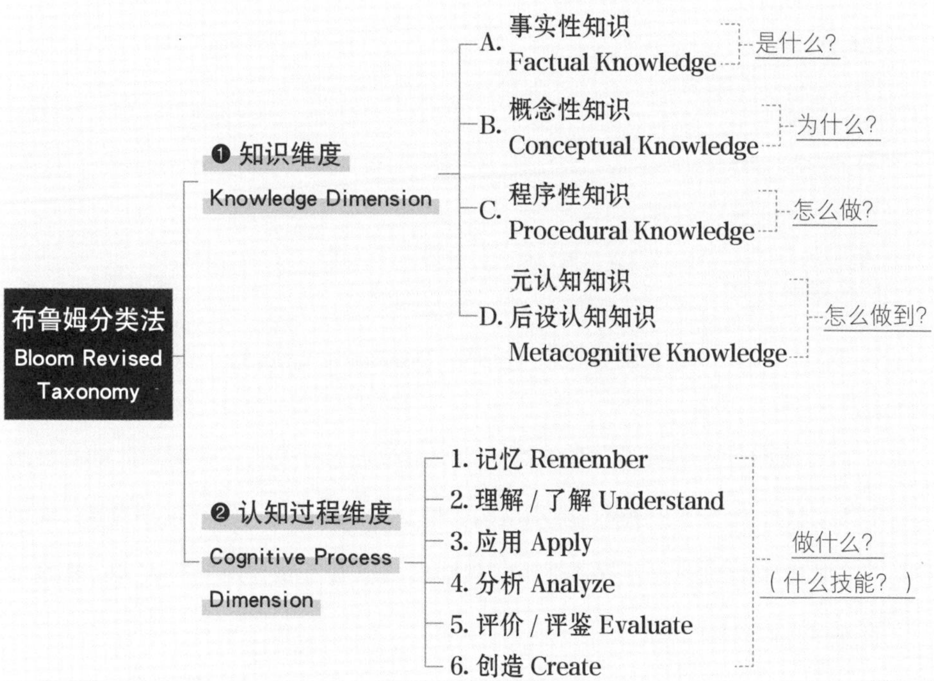
布鲁姆分类法
Bloom Revised Taxonomy
❶ 知识维度
Knowledge Dimension
A. 事实性知识
Factual Knowledge
是什么?
B. 概念性知识
Conceptual Knowledge
为什么?
C. 程序性知识
Procedural Knowledge
怎么做?
元认知知识
D. 后设认知知识
Metacognitive Knowledge
怎么做到?
❷ 认知过程维度
Cognitive Process Dimension
1. 记忆 Remember
2. 理解 / 了解 Understand
3. 应用 Apply
4. 分析 Analyze
5. 评价 / 评鉴 Evaluate
6. 创造 Create
做什么?
（什么技能？）

根据布鲁姆分类法整理的布鲁姆分类表（Taxonomy Table）可以为教师们的教学提供有效的工具。布鲁姆分类表的四行为四大类知识，六列为从低阶到高阶排列的学习技能。布鲁姆分类表可以指导教师选择和编写教材、设计课程、反思教学评估的设计等。

知识维度 Knowledge Dimension		认知过程维度（Cognitive Process Dimension）［做什么 / 什么技能？］					
		1. 记忆 Remember	2. 理解 Understand	3. 应用 Apply	4. 分析 Analyze	5. 评价 Evaluate	6. 创造 Create
A. 事实性知识 Factual Knowledge	是什么?						
B. 概念性知识 Conceptual Knowledge	为什么?						
C. 程序性知识 Procedural Knowledge	怎么做?						
D. 元认知知识 后设认知知识 Metacognitive Knowledge	怎么做到?						

布鲁姆分类表（Bloom Taxonomy Table）

台湾师范大学英语学系的黄钲贻使用布鲁姆分类表对台湾出版的各种高中英文教科书进行了分析，发现这些教科书中低阶思考内容比重相当高，而涉及高阶思考能力的内容只占 25%。教师们可以参考布鲁姆分类表进行教科书的选择或者教材的编写。

前面介绍 2018 版语言 B 新大纲的五大学习主题时，我们建议把 IB 在各主题下的推荐性话题分为两大类：第一类是“是什么”的话题，关注“记忆”“理解”“应用”这三种技能；第二类是“为什么”的话题，关注“分析”“评价”“创造”这三种技能。在做课程设计时，如果我们把准备教授的知识以及计划训练学生的不同技能呈现在这张分类表中，哪方面的知识还需要加强、学生哪些技能训练得不够就一目了然了。

这张分类表也可以用来对教学评估的设计进行反思，我们是不是过多地关注事实性知识的记忆，而忽视了概念性知识的理解、分析和应用？用这个分类表我们可以发现 2015 版 IB 语言 B 大纲中的书面作业（Written Assignment）较好地结合了认知过程维度的六大技能。尽管 2018 版新大纲取消了书面作业这种评估方式，但在进行教学安排时，书面作业的操作方式还是值得借鉴采用的。

对学生来说，布鲁姆分类表也可以成为一个帮助他们认识学习的工具。比如，有的学生非常依赖家教，写作文往往就是把家教写好的稿子死记硬背下来，那么用这张表就可以让学生明白，这种学习方法可能只训练了记忆这一项技能，而其他更重要的高阶能力都被忽略了。

除了对学生提出的五大学习技能，IB 根据建构主义的学习理论，对教师也提出了六大教学原则 Approaches to Teaching（ATT）：

1. 探究式教学
2. 概念型教学
3. 在当地及全球情境中展开教学
4. 合作与协作教学
5. 因材施教
6. 形成性评估 / 总结性评估为学习提供反馈

在这六大教学原则中，与本书的课程单元设计最为相关的是概念型教学，它也是语言 B 教学大纲概要中第二圈的重要内容之一。概念型教学是本书提出的单元设计框架中的核心内容，将会在下一部分重点介绍。

另一个与课程单元设计极为相关的教学原则是“在当地及全球情境中展开教学”，简单地说就是要让学习与学生自己的生活经验以及他们所处的真实世界联系起来。这一原则也是本书单元设计框架中的一个重要内容。

ATT 其他四大原则对于指导课程实施和具体的教学环节也很有意义。

● CAS 创造、活动、服务

CAS 创造、活动、服务是 IBDP 三大核心要求之一，是 IB 全人教育的重要组成部分，与中国传统文化中“读万卷书，行万里路”的理念不谋而合。学生在亲身参与各种活动的过程中获得知识、技能，并培养服务意识和国际情怀。CAS 与语言 B 的学习有相当紧密的联系。一方面，在适当的条件下，学生可以在 CAS 体验的实际情境中应用他们在课堂所学到的语言文化知识，从而加深对语言和多元文化的理解；另一方面，CAS 为他们语言 B 的五大规定性主题的学习提供在真实情境下的亲身体验和学习素材。

在做课程设计时，教师们可以将学校的 CAS 活动融合在五大学习主题中。以“社会组织”主题下的“教育”话题为例，学生可以拿把 CAS 作为评估内容的 IB 国际教育与中国传统的应试教育做一下比较，也可以在“社区、群体”“社会参与”及“社会关系”等话题中激活学生的 CAS 体验，以加深对话题内容和观点的深度理解。“身份认同”“经历体验”“共享地球”主题都可以与 CAS 的内容结合，教师们可以引导学生以 CAS 体验为中文 B 表达技能（Productive Skills）提供支持观点的细节，以期达到灵活应用语言的学习目的。

第二节　大主题单元创作框架原则

2018 年开始实施的《语言 B 指南》中（第 25 页）对 IB 语言 B 的课程设计原则做出了说明。下图简要列出了 IB 新大纲的三大课程设计原则，其中本书最为关注的课程设计阶段的部分主要有三方面的内容：1. 真实语料的使用，包括文字和听力资料；2. 教学方法 ATT 的应用，尤其是在主题单元设计阶段的应用；3. 针对语言 B 评估内容和评估标准的教学评估设计。

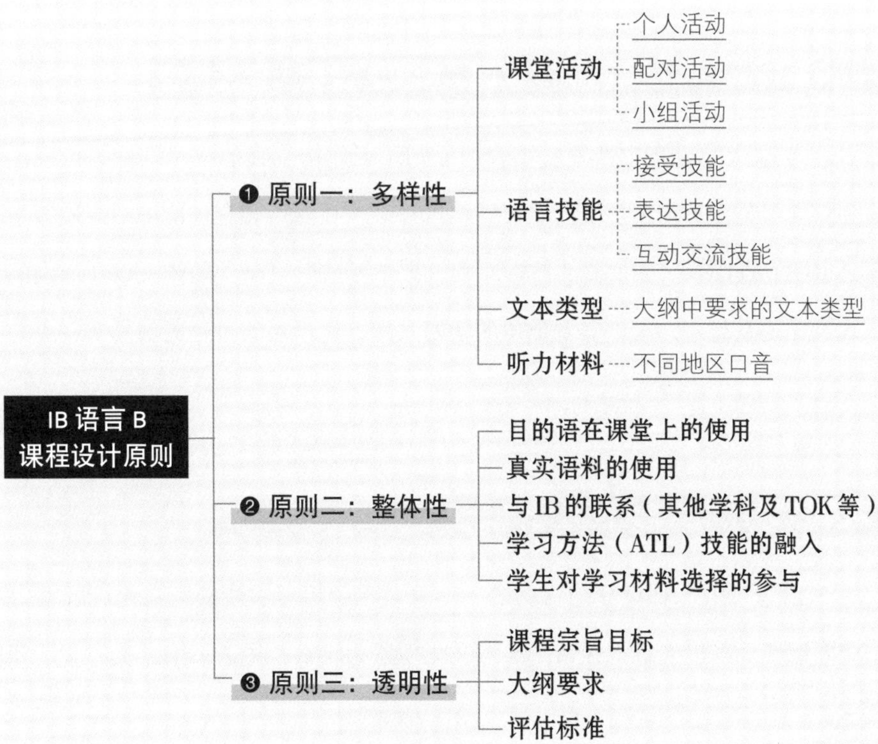

在多年的教学实践中，我们通过不断尝试、反思，总结出了针对 IB 语言 B 的主题单元创作的五大框架原则。教师们会发现，这些所谓的原则其实并不高深莫测，很多教师在设计各自的课程时都或多或少地凭直觉使用过这些原则。我们也是在不断试错和改进的过程中发现，遵守这些原则可能会让新手教师们少走一些弯路，上手更顺利一些。

本书提出的概念型大主题单元创作五大框架原则包括：

A. 与现实生活（家庭、学校、社会）紧密结合

B. 以华人世界独特的经济文化现象为线索

C. 确定单元大主题（Theme）内容框架图以及相关的 IB 主题下的话题（Topic）

D. 以概念统领整合主题单元的创作及教学活动

E. 根据 IB 评估标准进行教学评估活动设计

● 框架原则 A：与现实生活（家庭、学校、社会）紧密结合

与学生的现实生活紧密结合的原则源于建构主义的学习理论。该理论认为，学习是在一定情境下的意义建构过程。“在当地和全球情境中开展教学”是 IB 的 ATL 中一个重要的教学原则。把学习与学生自己的体验以及周围的真实世界联系起来，可以激发学生的学习兴趣，让学习的过程更加真实、更加有意义。

● 框架原则 B：以华人世界独特的经济文化现象为线索

语言习得课程设立的目的之一，就是希望培养学生的跨文化理解能力和国际情怀。以华人世界独特的经济文化现象为线索，尽量采用真实的文字和口

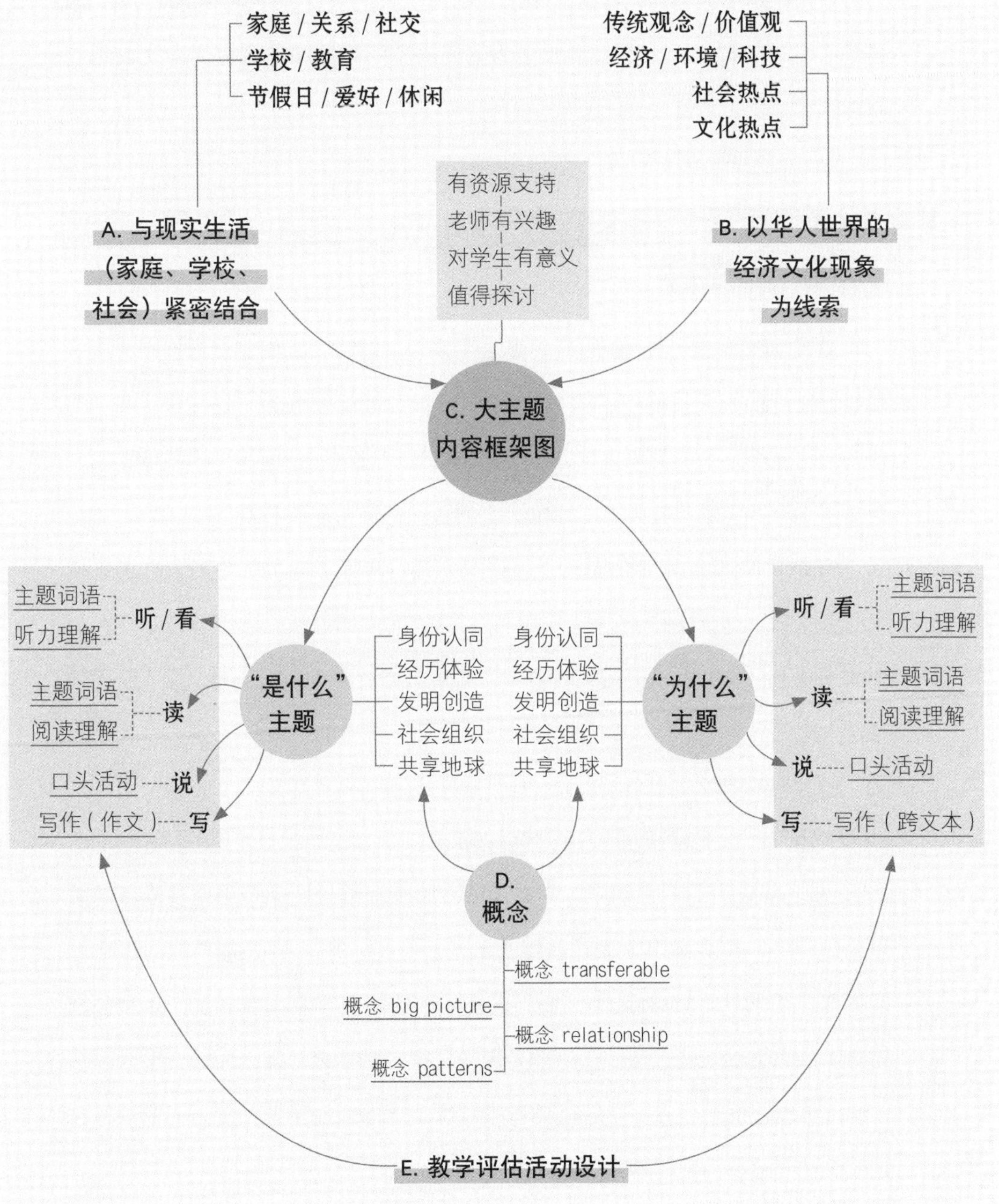

概念型大主题单元创作框架

头语料正是出于这方面的考虑。中国大陆由于人口众多、经济体量大，可以说是华人世界的核心，但其他以中文为主要语言的国家和地区也为中文 B 语言习得课程提供了丰富多样的真实学习材料。

● 框架原则 C：确定单元大主题内容框架图以及相关的 IB 主题（Theme）下的话题（Topic）

在前面第一节介绍 IB 的五大规定性教学主题时，我们建议根据布鲁姆认知过程维度的六大技能把不同 IB 主题下的推荐性话题分为“是什么”和“为什么”两大类。第一类侧重培养学生“记忆”“理解”“应用”的技能；第二类则用于培养学生“分析”“评价”“创造”的高阶思维技能。

在框架原则 A 和 B 的基础上可以选定适合单元教学的大主题，之所以使用“大主题”这个术语是为了与 IB 新大纲的五大规定性主题区分开来。在一个大主题下，我们可以把相关的第一类和第二类话题整合在一起，深入全面地探讨大主题。

这样做有什么好处呢？

●● 好处一：口头或书面表达言之有物

2018 年启用的新大纲中，听力理解和阅读理解这两项接受性技能占到总评分的 50%，口头和书面表达技能占到总评分的 50%。而表达技能的评估标准中都包括讯息（Message）一项，也就是表达的内容及思想观点。从布鲁姆的知识分类法以及概念型教学的理念来看，把“是什么”和“为什么”联系在一起，可以帮助学生在一个较高的思维层次上更深入地了解和探讨一个话题，让他们在表达和沟通时做到“言之有物”。

●● 好处二：深刻理解、牢记所学的知识

在前面的课程设计理念部分介绍了布鲁姆对知识的分类，在我们选择主题时，需要特别注意事实性知识（Factual Knowledge）和概念性知识（Conceptual Knowledge）的区别。教师们在选择教授的主题时，一般容易出现两方面的困难：一是为了覆盖尽可能多的 IB 主题及主题下的各个话题而疲于奔命地赶进度；二是单元缺少设计，教什么内容取决于学校有什么教材，手头有什么资料，而资料可能很有限，也可能过于丰富却杂乱无章。一些教材在编写过程中也出现重事实性知识、轻概念性知识的倾向，忽略了知识点之间由概念连接在一起的内在逻辑。因此，在一个大主题下，如果能尽可能地把大纲话题下的具体的事实性知识和抽象概括的概念性知识整合起来，形成一个相对完整的、有内在逻辑的知识框架，那么学生对这个大主题的理解会更深刻、更有意义，这样的内容也因此更加容易记住。

无论是 IB 提倡的概念性理解，还是高阶思维技能的训练，都离不开图形工具的使用。这主要指的是组织图（Graphic Organizer）、概念图（Concept Map）、思维导图（Mind Map）等。使用图形工具便于学生更直观地理解抽象的概念，以及一个大的主题下不同概念、细节之间的联系。这种对所学题目的宏观全面的掌握不仅有利于深刻理解所学内容，而且这样形成系统的、结构化的知识便于大脑理解、记忆。

●● 好处三：方便因材施教及个性化学习

在同一个大主题下同时安排低阶和高阶思维技能的训练，也兼顾事实性和概念性知识的学习，这样学生可根据各自的水平，充分展示自己对该主题的理解和掌握。

● 框架原则 D：以概念统领整合主题单元的创作及教学活动

可以说，在整个主题单元设计中，以概念来统领、整合创作和教学活动是最重要，也是最有挑战性的一环。随着科学家对知识的分类及获取的研究不断深入，人们逐渐认识到，课程设计和教学过程中也需要在注重事实性知识和具体技能的传统二维方法基础上引入第三个维度，也就是“概念”。这就是 IB 理念中的“概念型教学与学习（Concept-based teaching and learning）”。

下面这张思维导图总结了概念的特点，在此基础上，我们提出了在实践中应用概念型教学设计时需要注意的几个要点。

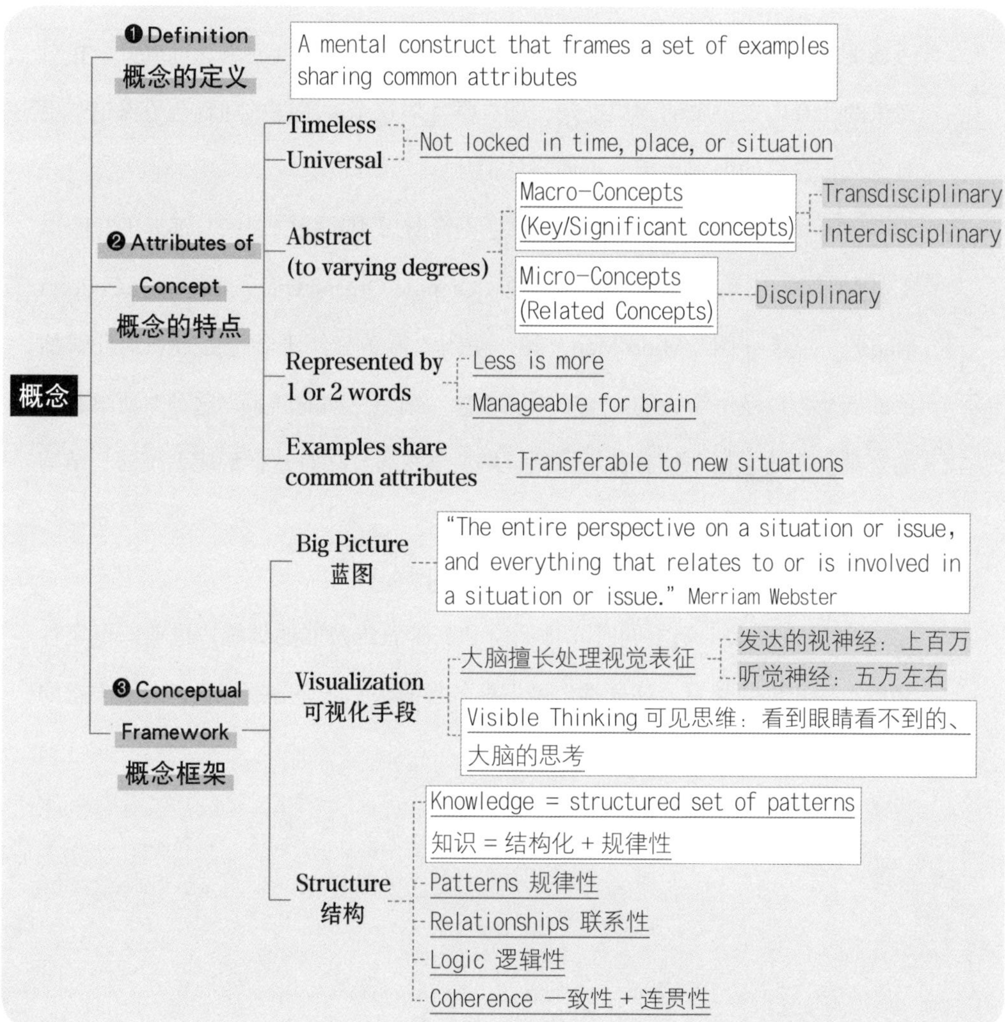

●● 要点 1：主题概念框架蓝图

在单元主题确定后，教师应该就选择的主题做一些文献阅读，这个阶段的阅读不是为了给学生收集教学材料，而是为了使教师自己对该主题有一个较为全面的梳理。阅读的材料甚至不一定全部保留，只需用一张思维导图（或其他图形工具）把主要观点、概念和重要细节分类记录下来。比如前面的这张思维导图就是作者在阅读了若干篇关于概念的文献后整理出的框架蓝图。每一篇文章侧重点不同，但阅读要尽量使我们对这个主题有相对全面的了解，从而可以画出这个主题的“Big Picture”，也就是我们说的框架蓝图。这样的框架蓝图与我们大脑处理、储存和提取知识的方式相似，因而更便于大脑的理解和记忆。这个勾勒框架蓝图的过程也能帮助我们找到该主题的重要概念，特别是跨学科的宏观概念。这一步的文献阅读也可以借助现在的电脑网络工具完成，让资料与思路的组织更加清楚、有逻辑性。这里推荐两个较为常用的工具：Zotero 和 Docear。这两个应用多用于大学的研究（Research），但对 IB 的 EE、TOK 以及语言 B 教师的课程设计也是极为方便的工具。

●● 要点 2：区分主题和概念

在语言 B 的单元设计中，主题通常是适合在一定时间内探讨的话题，这些话题一般来说是基于特定的情境的。而概念型教学要求我们关注“不被锁定于特定时间、特定地点或特定情境”的概念作为主题下探究的主要线索。事实上，不仅在主题单元的设计阶段，在教学的实施和课堂操练阶段，时时刻刻都需要提醒自己：我们希望学生掌握的东西能不能帮助他们在其他新情境下使用？我们有没有教学生怎样举一反三？有没有从概念的高度引导学生？当然有些领悟能力强的学生自己就具备这样的抽象概括能力，而推动概念型教学的目的就是要有意识地设计这个环节，让更多学生成为独立的学习者。

●● 要点 3：跨学科的宏观（重大）概念和学科内的微观（相关）概念

在一个主题下，选择的概念不宜过多，通常可以考虑一个学科概念和一个跨学科概念。开始时可以从简单的学科概念，也就是中文习得的概念入手。我们知道概念是抽象的，但抽象的程度是有差别的。举一个简单的例子，如果一节课具体的教学目标是五个汉字，就可以考虑教一两个偏旁部首，并明确教授、练习如何在新情境下使用这些偏旁部首知识，举一反三，让学生在上下文中猜测新字词的意思。再比如，在农历新年春节的主题下，有相当数量的过年活动，从什么概念上来整合呢？春节是中国最重要的传统节日，在全球化的今天，很多传统都面临着如何传承和应对变化的问题。我们可以尝试"传统"和"变化"这两个跨学科的宏观概念，后面的章节中我们会详细分析如何用这些概念来整合这个主题的教学。我们前面提到，概念其实存在不同的抽象程度，只要能跳出目前具体的话题内容一小步，就是成功的尝试。

●● 要点 4：IB 语言 B 中的概念

2018 开始实施的《语言 B 指南》要求语言习得课程的学生重点掌握以下五个概念：

1. 受众 Audience
2. 情境 Context
3. 目的 Purpose
4. 意义 Meaning
5. 变异 Variation

除此之外，教师们还可以参考 2014 年 9 月或 2015 年 1 月启用的中学项目《语言习得指南》中推荐的语言习得课程概念。笔者依据该指南将 MYP 语言习得相关概念做了简单的分类。这些概念及分类并非 DP 语言 B 大纲要求的内容，仅提供给教师们作参考。

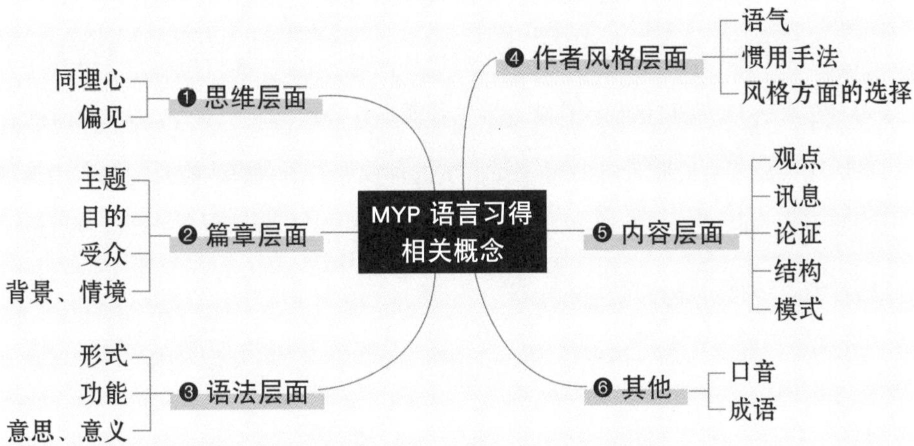

● 框架原则 E：根据 IB 评估标准进行教学评估活动设计

根据 2018 版 IB 语言 B 教学大纲，评估内容包括下面三项：

1. 接受技能：听力理解、阅读理解

2. 表达技能：书面写作、口头表达（个人口头活动）

3. 互动交流技能：书面互动、口头互动（个人口头活动）

IB 评估类型分为下面四大类：

1. 书面表达（试卷一 Paper 1 Written Production）

2. 听力理解（试卷二 Paper 2 Listening Comprehension）

3. 阅读理解（试卷二 Paper 2 Reading Comprehension）

4. 个人口头表达（内部评估 Individual Oral Internal Assessment）

在框架原则 E 部分，主要的目的是保证在一个大主题下，IB 要求的四大类评估形式都得到训练。

这几种评估形式中，听力理解和阅读理解可以贯穿整个课程的各个阶段，比较容易安排。需要认真考虑的是口头和书面表达技能的评估及训练，2018版大纲不限制评估表达技能的主题，这在某种程度上给了学生更大的发挥空间。也就是说，在口试和写作中，学生若能加入高阶的思想观点，绝对会添彩。虽然这类思想观点在处理时可能要求学生有较强的语言表达能力，但即使是语言能力较弱的学生，教师也可以引导他们在自己能力的基础上，尝试以简单的语言去表达较为复杂的思想观点。

第三节　大主题单元创作实用工具

在大主题单元创作的五大框架原则（A-E）基础上，下面介绍一些实用的主题单元设计工具，方便教师们的课程设计和创作。

● IB ATL Unit Design Templates

在 IBO 官网 ATL 页面的“Tools”一栏，可以下载 IBO 为主题单元设计准备的三种 Unit Planners。另外，该栏目下还包括使用这些 Planners 所做的不同学科的单元设计样本供教师们参考、下载。

● Understanding by Design（UbD）Templates

Understanding by Design，简称 UbD，是美国教育专家 Grant Wiggins 与 Jay McTighe 于 1998 年提出，并受到各国教育界广泛欢迎的课程设计框架。该框架注重概念性理解（Big Idea 和 Enduring Understanding），采用了三阶段“逆向设计”的模式，也就是先分析教学单元的学习目标和概念，再设计能够评量教学目标的评估任务，最后安排教学活动。有关 UbD 的具体内容可以浏览 Authentic Education 的官网：https://www.authenticeducation.org。

● Visible Thinking Routines

Visible Thinking Routine 是哈佛大学教育学院“零方案（Project Zero）”开发的一个旨在提升学生高阶思维能力及学习能力的项目。该项目开发出的一系列可见思维流程（Visible Thinking Routine）可以作为组织课堂活动的策略框架。其中一些流程非常适合配合单元中的某些概念使用。Visible Thinking 的官网链接为：http://www.visiblethinkingpz.org/VisibleThinking_html_files/VisibleThinking1.html。

● Brain Frames

Brain Frames 是美国 Architects For Learning 公司的首席执行官 Bonnie Singer 博士与 Anthony Bashir 博士一起开发的一组六个图形框架，用于呈现我们每天使用语言所做的六大基本任务。我们用中文把这六种图形框架解释为：所知所想（Telling）、先后有序（Sequencing）、比较对照（Comparing, Contrasting）、原因结果（Showing Causes, Effects）、分门别类（Categorizing）、类似关系（Showing Relationships）。图形框架简单易懂，极易上手，对教师和学生都是很有效的学习工具。此外，这种整理图形框架的设计思路对课程设计也极有启发。Architects For Learning 官网链接为：http://www.architectsforlearning.com。

● Visual Tools for Teaching

科学家发现，我们的大脑在处理图像信息时对工作记忆和认知过程要求较低，这使得通过图像传递信息更为有效。此外，各个学科的知识通常是通过主要的概念和概念之间的联系组织起来的。因此，无论是教学大纲，还是教学单元的主要概念，甚至一节课的内容，都可以通过图形工具的使用来强化教学效果。Linda B. Nilson 在她 2010 年出版的 *Teaching at its best: a research-based resource for college instructors* 一书的第 26 章中全面介绍了课程设计和教学中使用图形工具的理论依据、好处以及各种图形工具的类型和使用范围。主要的图形工具包括概念图（Concept Map）、思维导图（Mind Map）、组织图（Graphic Organizer）等。

网络上可以下载各类图形工具的应用，其中有些应用可跨平台（IOS 或 Windows）、跨设备（电脑、iPad、手机等）使用，如 XMind。

下篇

大主题单元创作案例

- 详细案例 1 —— 教育
- 详细案例 2 —— 传统节日春节
- 推荐案例 1 —— 男女平等
- 推荐案例 2 —— 社会关系与变化
- 推荐案例 3 —— 网络暴力
- 参考案例 1 —— 学中文
- 参考案例 2 —— 地理与环境

这部分将要分析七大案例，其中包括两个详细案例、三个推荐案例和两个参考案例。

两大详细案例涵盖 IB 第一学年一整年的教学需要，也就是说，一个大主题案例可以根据学生的具体情况，分为 3–5 个单元在一个学期内实施。这些案例只为说明教学创作的思路，教师们可以参考这些思路进行自己的设计。如选择采用这些单元，建议根据需要适当修改。

语言习得教学的最终目的是要使用语言进行交流，思维观点和语言能力同样重要。主题单元设计中常常被忽略的就是思维观点，而容易把教学的注意力放在教授生词、语法上。因此，我们提倡在注重语言能力的同时，主题单元设计中应加强思维及观点的训练。

第一节　详细案例 1—— 教育

一　设计框架

● 框架原则 A：与现实生活（家庭、学校、社会）紧密结合

IBDP 学习第一年的第一个学期，学生们刚刚开始学习 IB 课程，对于 IB 中文到底有多难，常常会心怀忐忑。选择一个和 IB 相关的话题不仅可以让他们更为全面地了解 IB 和 IB 中文课，也可以缓解他们的焦虑。此外，学生们刚刚经历过 IB 的选课阶段，对这个话题相对熟悉，而且拿到 IB 文凭与他们的切身利益紧密相关。因此 IB 中文课的第一个单元以 IB 国际教育作为切入点，是一个较为安全的选择。

选定话题：IB 国际教育

● 框架原则 B：以华人世界独特的经济文化现象为线索

既然以 IB 国际教育作为切入点，那么中文习得课程自然应该考虑中国的教育。中国教育是个怎样的结构？让人又爱又恨的高考又是怎么回事？中国为什么会有高考这样的全民大考？从学生的角度来看，在学中文的过程中能找到这些问题的答案会是一件有意义的事。

选定话题：中国教育、高考

● 框架原则 C：确定单元大主题（Big Theme）内容框架图以及相关的 IB 主题下的话题（Topic）

•• C1：确定大主题

结合框架原则 A 和 B，我们很自然地就可以选定大主题“教育”。

•• C2：画出大主题内容框架图

文献阅读

在根据框架原则 A 和 B 确定了以教育作为大主题之后，我们可以从哪些角度来探讨这个主题呢？这就需要教师们花点儿功夫，做一些相关的文献阅读，甚至是大量的阅读，以使我们对教育这个大主题有整体的把控。这种试图建立一个相对完整、有意义的知识框架的思路其实是受到概念型教学理念中概念框架的启发。

大主题内容框架图

我们知道，中国社会由于明显的二元结构，城市和农村教育所面临的几乎是完全不同的问题。城市学生和家长关注的焦点在于高考制度带来的激烈竞争和压力以及由此引发的国际教育热；而农村的问题主要集中在（居住于城市的）农民工子女、（居住于农村的）留守儿童以及农村教育资源短缺的问题上。从内容上来看，这两方面的资料都是较容易获得的。

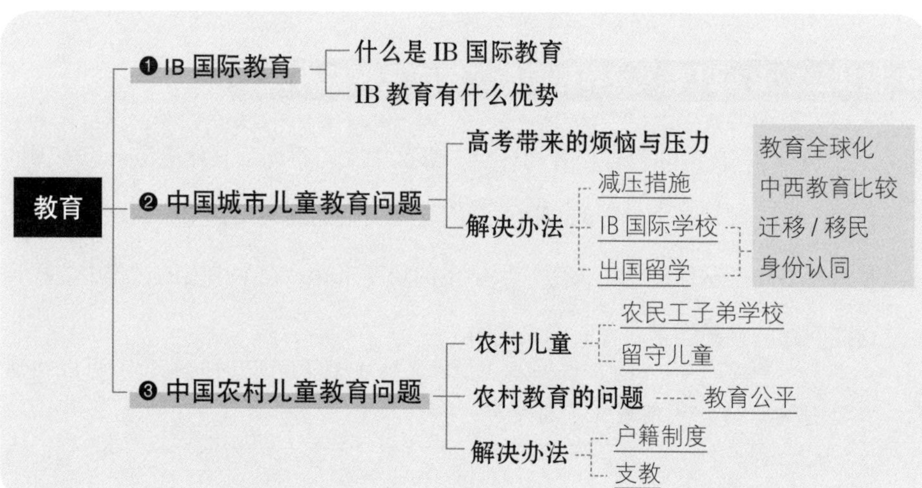

前面的思维导图就是初步阅读教育大主题相关的文章后得到的粗浅的话题探索方向。

●● C3：参照 IB 主题确定教学单元话题

大主题下的话题不仅需要具有一定的完整结构，IB 课程的设计还必须遵守 IB 课程大纲有关主题和话题的要求。选择话题的原则是它们彼此之间应存在内在的、连贯的逻辑联系，从而能形成一个大主题下相对完整的知识框架。这样组织教学材料有助于学生深刻理解主题，学习的知识也不容易忘记。更重要的是，学生在就该话题进行口头和书面表达时能达到一定深度。

前面在介绍 2018 版新大纲要求的五大规定性主题时，我们建议在选择教学单元时考虑两类话题：第一类侧重培养学生的“记忆”“理解”“应用”等基本技能；第二类则适合培养学生的“分析”“评价”“创造”等高阶技能。

根据 IB 大纲指定的内容，我们尝试从下面这些角度研究教育这个大主题：

话题一　教育：IB 国际教育

话题二　健康：中国教育的压力与烦恼

话题三　教育全球化：中国教育与 IB 国际教育的比较

话题四　身份认同：留学生的身份认同

话题五　迁移与平等：教育中的歧视

以上五个教学单元话题涉及一个第一类基本技能话题“健康”和四个第二类高阶技能话题“教育、全球化、身份认同和平等”。涉及的 IB 规定性主题有：主题一“身份认同”、主题二“经历体验”、主题四“社会组织”、主题五“共享地球”。

在实际教学操作时，根据学生的水平、兴趣和教学时间安排，可以在话题一、话题二之后，从话题三、四、五中选取适合的话题进行学习。我们的体会是，在一个学期内把五个话题全部覆盖时间非常紧张，实践中可以全班做 2–3 个话题，另外的 3–4 个话题学生根据兴趣分组，以书面作业 WA 的方式选做。

● 框架原则 D：以概念统领整合主题单元的创作及教学活动

在整个主题单元的设计中，将概念引入第二语言的教学是相当有挑战性的，但这也是教师们在传统的语言教学基础上进行探索和创新的机会。开始时可以先从学科内的概念入手，逐渐尝试借鉴其他学科和跨学科的宏观概念。

●● 话题一　教育：IB 国际教育

概念的选择常常和单元的评估有关。在话题一中，考虑到 IB 的内部口头评估，因此计划让学生以小组为单位，为学校的中国家长做一个 IBDP 项目的全面介绍。那么在这样的真实情境下做口头报告，比较重要的一个学科概念就是“受众意识（Awareness of Audience）”，也就是学生应该采取什么策略，在报告内容、风格、方式、语言手段等方面来吸引听众的注意力。

概念一：受众意识

- 开头
- 受众感兴趣的内容
- 风格：尊重、友好、幽默
- 使用排序连接词
- 主要内容过渡清晰
- 修辞性问句
- 互动问答
- 结尾

●● 话题二　健康：中国教育的压力与烦恼

在话题二中，由于不可避免地会涉及高考阶段孩子、家长、教师和学校之间的各种矛盾冲突，那么作为应对这类矛盾冲突的手段，心理学中的“观点采择（Perspective -Taking）”就可以作为这个单元探索的一个概念。

观点采择是指个体从他人或他人所处的情境出发，想象或推测他人观点与态度的心理过程。这个心理学概念的术语不一定要直接给学生用中文讲，但在该单元选材和设计教学活动时观点采择就是背后看不见的神秘之手。此外，中文有不少成语完美诠释了观点采择的概念，比如“设身处地”“将心比心”“推己及人”等。引入这一概念既教授了语言文化，又探索了心理学的概念，如能进一步引导学生将观点采择的概念应用在国际情境下，还有助于培养国际情怀，一举多得。

概念二：观点采择

引导语：

1. 如果我是他 / 她，会怎么想？（想象他人观点）
2. 如果我处在同样的境地，我会怎么想？（想象自己观点）

成语：

· 设身处地
· 将心比心
· 推己及人

课堂活动中采用可见思维流程（Visible Thinking Routine）

· True for Who?
· Circle of Viewpoints

●● 话题三　教育全球化：中国教育与 IB 国际教育的比较

在第三个教学话题中，可以进一步巩固和应用前两个概念（受众意识和观点采择），也可以使用“比较对照”的图形框架（Brain Frame），结合观点采择的概念，让学生分组从不同角度（学生、家长、教师、学校、社会、国家等）对中国教育和 IB 国际教育进行比较。

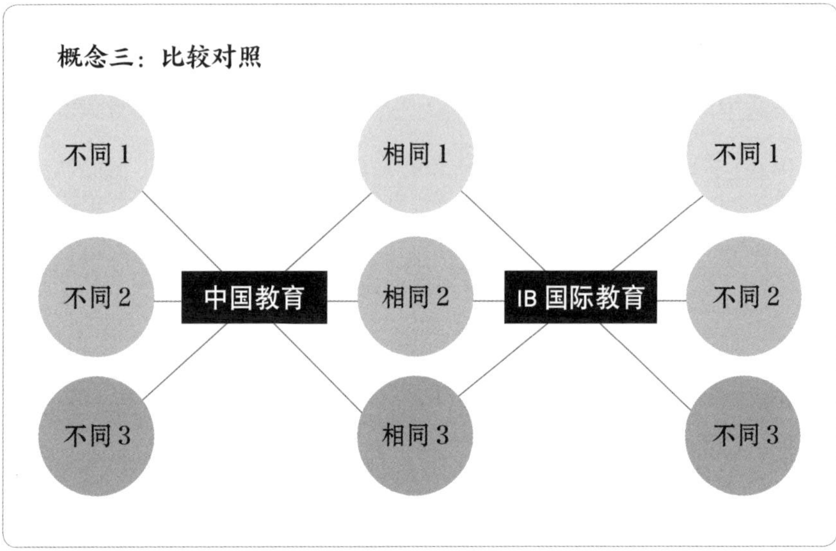

●● 话题四　身份认同：留学生的身份认同

近些年中国学生出国留学成为社会热点话题。学生在留学所在国难免会遇到各方面的挑战，这其中涉及的留学生的身份认同问题本身就是一个重要的概念。这一概念可以从主观认同和客观认同两方面去探讨。这个话题对于学习中文 B 的国际学校学生来说很有意义。

根据课程深入的程度，在分析影响身份认同的主观认同因素时，还可以借鉴地理学科中的“人口迁移推拉理论”（见右上图），以此作为梳理这一单元脉络的神秘之手。

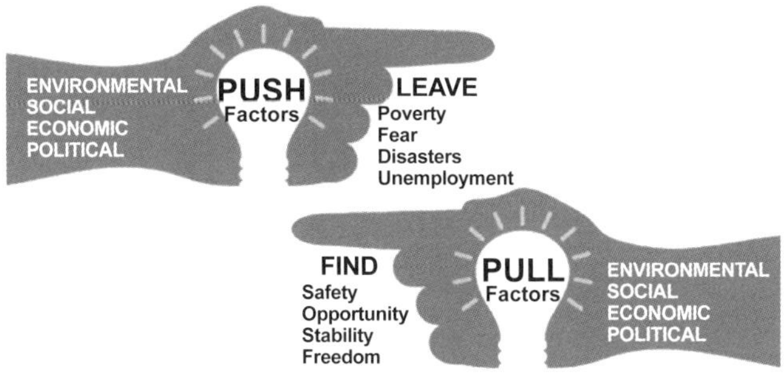

参考资料：http://www.emigration.link/push-pull-factors-filipino-migration.htm

概念四：身份认同

主观认同

客观认同

概念五：推拉理论

（人口迁移的推拉理论）

话题五　迁移与平等：教育中的歧视

这一话题涉及农村以及留守儿童的教育问题，建议巩固人口迁移推拉理论这一概念。如果安排写作任务，可以加入问题分析的文章组织结构作为另一个概念。

概念五：推拉理论

（人口迁移的推拉理论）

概念六：问题分析

问题—后果—原因—解决

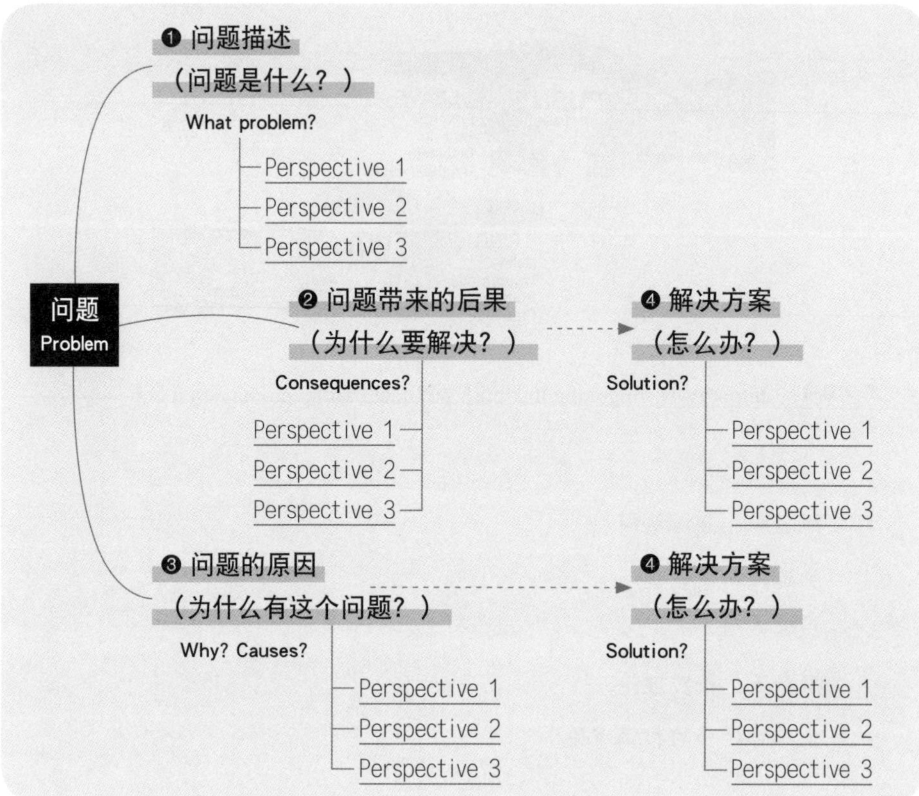

概念的选取绝对不是唯一的，教师们应该根据自己的兴趣点、文献阅读的内容，更重要的是根据学生和学校所在地区的具体情况来选择你和学生共同探讨的概念。

● 框架原则 E：根据 IB 评估标准进行教学评估活动设计

在教育大主题下，根据IB新大纲的要求安排学生的各种评估类型和训练。

在下面这张教育大主题的内容和评估设计思路图中，我们按照五个教学话题，设计了有关的教学内容以及建议的评估方式。

- **教育**
  - **❶IB 国际教育**
    - **概念**
      - 受众意识
    - **课程内容**
      - 如何有条理地介绍一个教育体系？
      - 什么是 IB 国际教育？
      - IB 国际教育有什么优势？
    - **口头评估：华人家长 IB 介绍会**
  - **❷中国教育的压力与烦恼**
    - **概念**
      - 观点采择
    - **课程内容**
      - 中国有什么样的教育体制？
      - 应试教育带来哪些压力和烦恼？
      - 什么原因造成教育的巨大压力？
      - 如何减少压力，消除烦恼？
    - **写作评估：试卷一**
    - **HL：个人口头评估**
  - **❸中国教育与国际教育**
    - **概念**
      - 比较对照
      - 观点采择
    - **课程内容**
      - 什么是真正的国际教育？
      - 有没有一种“最好的教育”？
      - 中国教育和 IB 教育各有什么优势和问题？
    - **评估：讨论 / 写作**
  - **❹留学生的身份认同**
    - **概念**
      - 身份认同
      - 人口迁移的推拉理论
      - 文本类型
    - **课程内容**
      - 为什么留学？
      - 留学会遇到哪些方面的挑战？
      - 文化休克对留学生有什么影响？
      - 哪些因素会影响留学生的身份认同问题？
    - **写作评估：WA 书面作业**
  - **❺教育中的歧视**
    - **概念**
      - 人口迁移的推拉理论
      - 问题分析：问题—后果—原因—解决
    - **课程内容**
      - 农村教育有哪些问题？
      - 这些问题会带来哪些后果？
      - 为什么会有这些问题？
      - 有什么解决办法？
    - **写作评估：WA 书面作业**

在 2018 新大纲中，IB 语言 B 的四种评估方式为：书面写作、听力理解、阅读理解及个人口头活动。听力理解和阅读理解在课程的任何时间点都可以进行，但书面及口头表达技能的评估需要较为仔细地安排。

话题一　教育：IB 国际教育	小组口头报告（华人家长 IB 介绍会）
话题二　健康： 中国教育的压力与烦恼	写作：日记 / 电邮（高考的压力与烦恼） HL 个人口头活动评估《小别离》
话题三　教育全球化： 中国教育与 IB 国际教育	中国学校与 IB 学校校际交流讨论
话题四　身份认同： 留学生的身份认同	WA 写作：电邮 / 博客 / 访谈 / 讲话稿
话题五　迁移与平等： 教育中的歧视	WA 写作：电邮 / 报道 / 评论 / 读者来信

我们在写作评估中仍然保留了 2015 年语言 B 大纲的书面作业（WA）这种形式。学生需要挑选 3–4 篇围绕同一主题的文章（可包括一个视频、音频资料），从各个原始材料中抽取相关的内容进行书面创作。这一评估方式在 2018 版大纲中被取消，但却非常适合训练学生抓住阅读的重要观点和细节、跨文本综合信息并应用语言 B 的概念性理解进行创作等综合高阶语言技能。我们建议教师们在教学中继续使用这种形式。

二　单元教学设计重点

下面五张思维导图汇总了教育大主题下五个教学单元的概念、教学内容及评估活动。

1. IB 国际教育

- ❶ 概念 — 受众意识 Sense of audience
- ❷ 教学内容
  - 如何有条理地介绍一个教育体系？
  - 什么是 IB 国际教育？
  - IB 国际教育有什么优势？
- ❸ 教学评估
  - IB 评估：个人口头评估 IA
  - 教学评估：小组口头报告
    - "为什么选择 IBDP 国际文凭教育？"邀请学校社区的中国家长做听众，学生分组介绍 IB 项目并回答家长的问题。

---

2. 中国教育的压力与烦恼

- ❶ 概念 —观点采择 Perspective-taking
- ❷ 教学内容
  - 中国有什么样的教育体制？
  - 应试教育带来哪些压力和烦恼？
  - 什么原因造成教育的巨大压力？
  - 如何减少压力，消除烦恼？
- ❸ 教学评估
  - IB 评估：试卷一写作
  - 教学评估：试卷一课堂写作
    - 参考 IB 书面写作的考试形式，课堂写作评估可以围绕"高考带给各方面的压力和烦恼"这一题目，给出三个不同的文本类型供学生选择。
- ❹ 教学评估（HL）
  - IB 评估：个人口头活动
  - 教学评估：个人口头活动
    - 根据学习的文学作品（例如《小别离》）节选，进行个人口头活动评估。

- **3. 中国教育与 IB 国际教育**
  - ❶ 概念
    - 比较对照 Compare / Contrast
    - 观点采择 Perspective-taking
  - ❷ 教学内容
    - 什么是真正的国际教育?
    - 有没有一种“最好的教育”?
    - 中国教育和 IB 教育各有什么优势和问题?
  - ❸ 教学评估
    - IB 评估：个人口头活动
    - 教学评估：课堂讨论
      - 学生分组，代表中国学校和 IB 学校参加校际交流讨论，探讨不同教育体系的优缺点、对学生的影响以及应对办法。

- **4. 留学生的身份认同**
  - ❶ 概念
    - 身份认同 Identity
    - 推拉理论 Push and Pull Theory of Migration
    - 文本类型 Text-Type
  - ❷ 教学内容
    - 为什么留学?
    - 留学会遇到哪些方面的挑战?
    - 文化休克对留学生有什么影响?
    - 哪些因素会影响留学生的身份认同问题?
  - ❸ 教学评估（SL）
    - IB 评估：试卷一写作
    - 教学评估：WA 书面作业
      - 给学生提供 5-7 篇阅读文本，要求学生用其中 3 篇作为依据，老师给定几种情境和目的，学生自由选择适当的受众和文本类型进行写作。

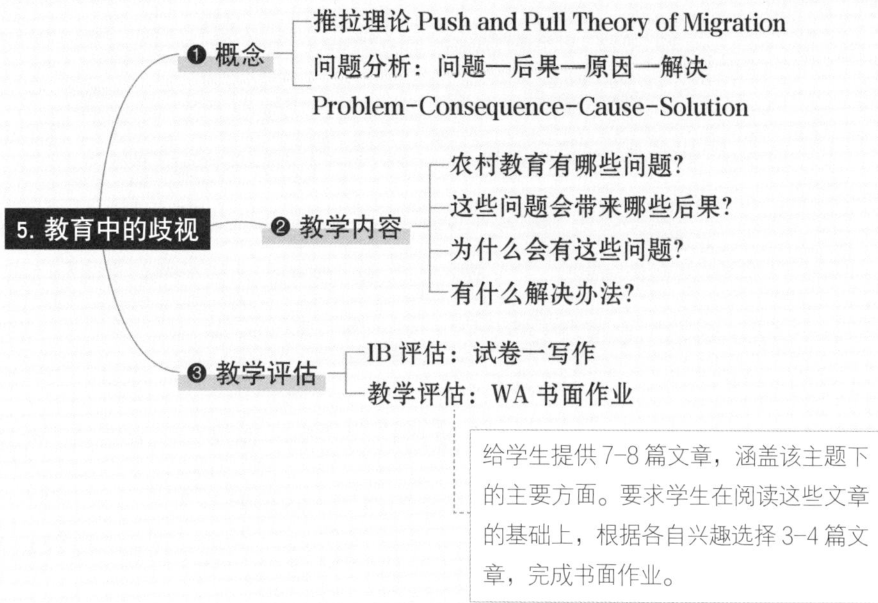

三 第一单元 IB 国际教育

在每个单元的教学设计重点确定后，就可以根据选定的评估方式选取教学材料，安排教学活动。

● 第一步：确定单元主要评估方式

高阶认知技能（Higher-order Cognitive Skills）的培养和评估常常可以通过设计表现性任务（Performance Task）来达成。第一单元设计的表现性任务如下：

为什么选择 IB 国际文凭课程？

XXX 学校是一所 IB 学校，但很多学生和家长对国际文凭项目还缺乏了解，特别是来自华语地区十年级的一些学生及其家长，需要有关 IBDP 课程的中文信息。请大家分组准备一个 8–10 分钟的口头报告，与你的小组成员一起，用中文向家长详细介绍国际文凭组织、大学预科文凭项目及其优势，吸引家长支持他们的子女参加国际文凭大学预科项目。

这一评估任务的设计包括了高阶认知技能的训练，还考虑到国际学校社区的实际需要，让学生们体会到他们的中文技能有真实的受众（Authentic Audience）和实际的应用价值。除此之外，这样的学习任务也利用了学校的中文母语社区资源，而且在一定程度上促进了国际文凭项目被学校社区理解和认同，可谓一举多得。

● 第二步：确定单元框架蓝图

考虑到这是学生们第一个 IB 中文 B 学习单元，应给学生足够的鹰架（Scaffolding）支持。这一单元的第一个教学内容就是探究如何按照一定逻辑顺序有条理地介绍一个教育体系。学生可以参考 IBO 或其他教育机构网站，讨论应该介绍哪些方面，最后在教师引导下确定一个基本框架。在参阅了中英文介绍国际文凭组织和课程的文献后，我们整理出下面这个逻辑顺序和框架蓝图供教师们参考。

基本信息 → 历史起源 → 宗旨 → 文凭要求 → 评估方式 → 优势评价

下面的单元框架蓝图就是根据以上的逻辑顺序勾画的。

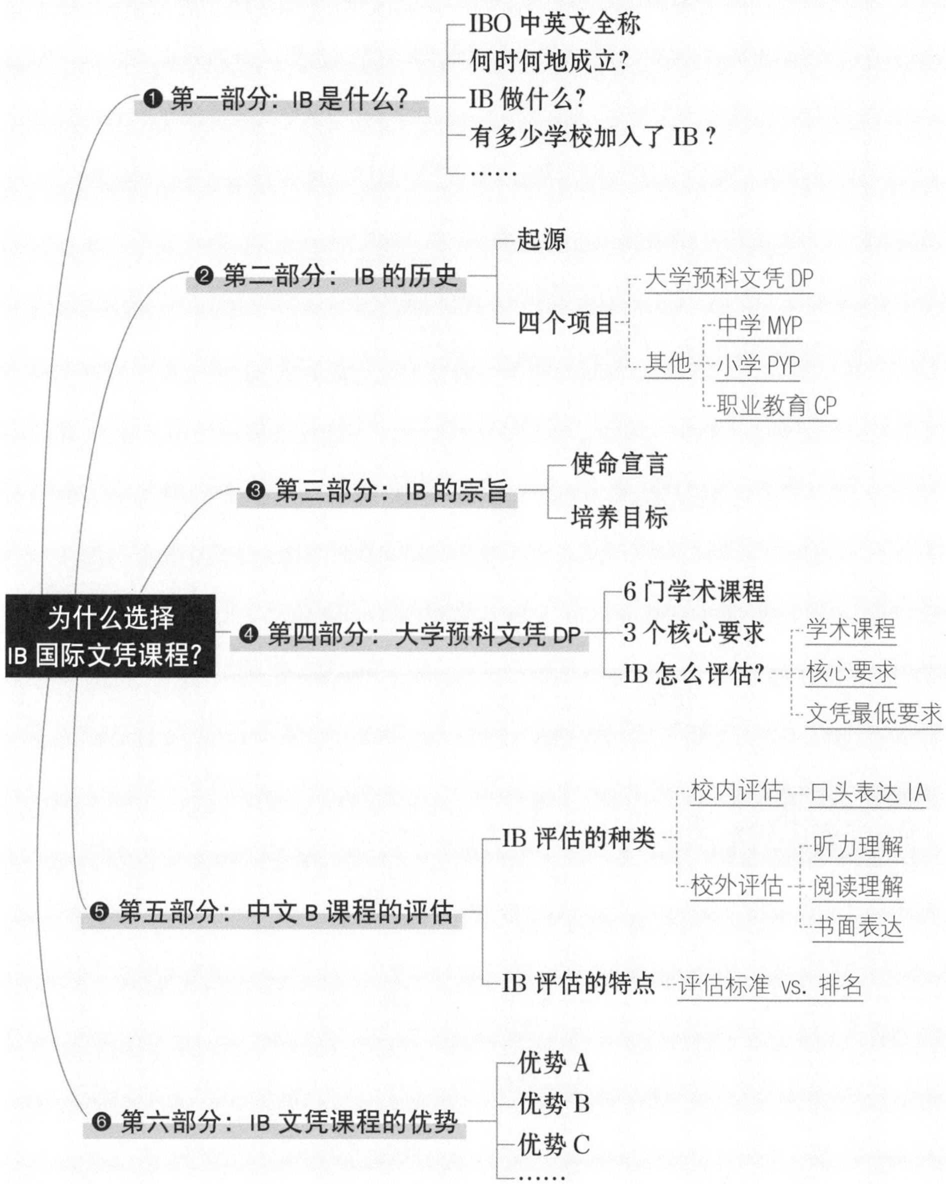

● 第三步：教学资源和教学活动的设计

有了单元框架蓝图，教师们基本上就可以胸有成竹地安排教学活动了。

教学资源：我们已经处在一个互联网时代，教学资源随处可寻，但常常会碰到非常好的英文资源，却苦于找不到中文版。其实，只要目标技能不是听力或阅读理解，直接使用一部分英文或学生第一语言的资源也是非常实用的方法。

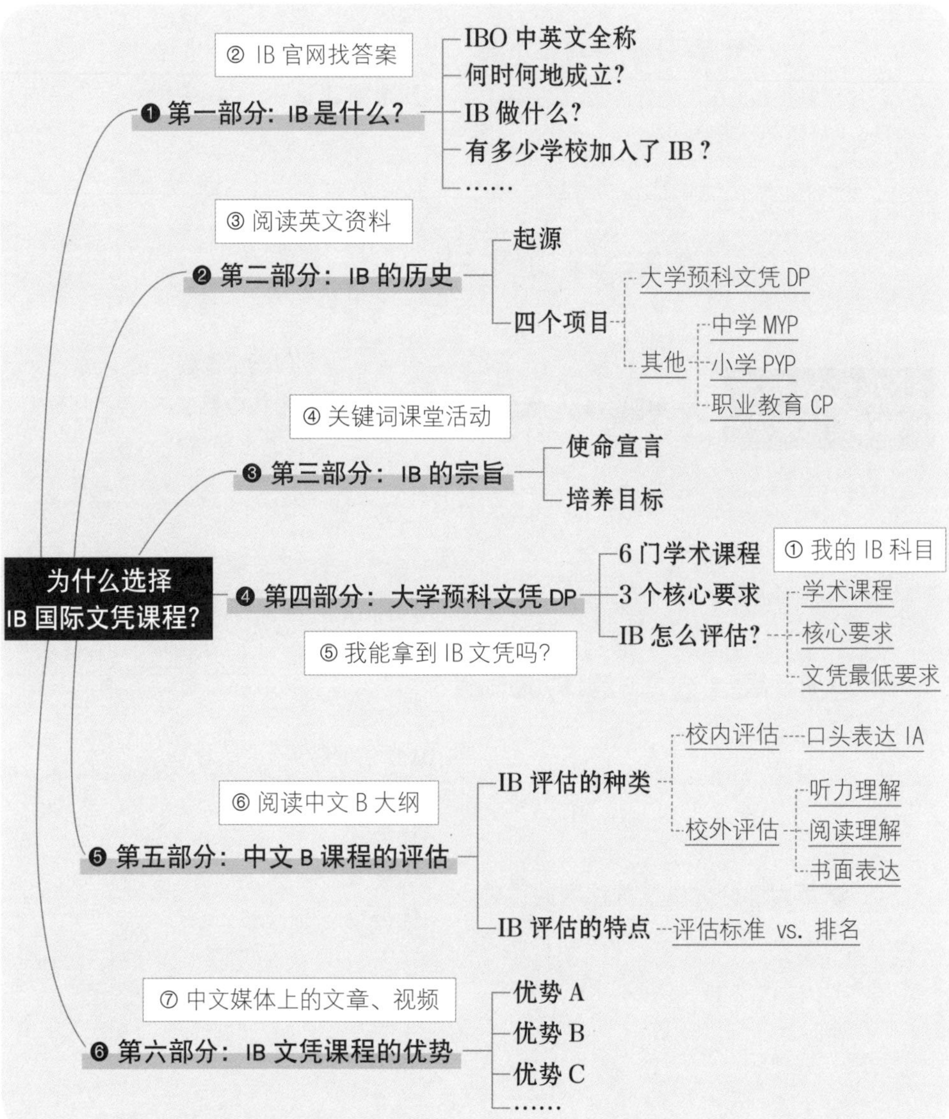

教学活动：有了单元框架蓝图在手，教师们就像指挥千军万马的将军，可以在沙盘上推演各种作战方案（见左图 ①–⑦）。但无论方案多么花哨，我们都清楚，基本的常识性（Common Sense）原则还是要遵守的。比如，时刻牢记本单元的教学"小目标"，教学活动难易有度，因地制宜利用当地资源等。

有了框架蓝图所提供的单元全景视角，教学活动其实不一定按照蓝图呈现的顺序进行。在本单元中，对学生比较容易的切入点就是他们所选的六门 IB 科目。所以，我们的第一小节就可以让学生分享他们选择的六门 IB 科目 —— 哪些高级课程，哪些普通课程，是大学预科文凭项目还是学科证书项目。具体的课堂活动和操作教师们可以自行确定。下表列出了各小节课堂教学活动及其所需资源的清单，供教师们参考。

第一单元	教学活动 + 目标 + 资源
第一小节	**我的 IB 科目** 六大学科组 各学科组科目 高级课程 vs. 普通课程 IB 项目：大学预科文凭 vs. 学科证书 **目标：** 借助适当的视觉支持，学生可以介绍 IB 大学预科文凭科目的选课要求 介绍自己和朋友所选科目及原因 分析 IB 文凭科目选择的灵活性和优势 **资源：** ① 线上线下英汉词典 ② 谷歌翻译 ③ IBO 官网 http://www.ibo.org/digital-toolkit/logos-and-programme-models/

第一单元	教学活动 + 目标 + 资源
第二小节	**IBO 基本信息** 教师设计的有关 IBO 的基本问题 学生认为值得介绍的内容 **目标：** 学会使用中英文网络资源完成学习任务 学会用谷歌搜索找到英文术语的中文翻译（研究技能） 学会根据中文问题的句型结构做出回答 分析基本信息中 IB 的独特优势 **资源：** ① IBO 官网（英文）http://www.ibo.org/about-the-ib/ ② 谷歌 ③ 维基百科词条：国际文凭大学预科课程 https://zh.wikipedia.org/zh-cn/
第三小节	**IB 的历史** IB 创建的背景 年代 建构主义教育理念的出现 经济全球化带来的多元文化 移动家庭子女的教育需要：高中毕业文凭、大学入学 The IB History Timeline：四个项目 **目标：** 用简单的语言（关键词）表达复杂的观点 **资源：** IBO 官网： The History of the IB IB History Timeline A critical review of the principles and philosophy of the International Baccalaureate (Page 1–3)

第一单元	教学活动 + 目标 + 资源
第四小节	**IB 的宗旨（课堂活动）** 使命宣言（Mission Statement）：寻找关键词 十大培养目标（IB Learner Profile）： 　用哪个素质描述我最合适？ 　我在哪方面还需努力？ 　我的观点：哪个素质最重要？ **目标：** 对 IB 的使命和培养目标进行反思 反思自己的努力方向 国际情怀：是什么？为什么？ **资源：** 《语言 B 指南》（2020 年首次评估）
第五小节	**我能拿到 IB 文凭吗？（课堂活动）** 教师预先设计好 9 个不同的案例 学生分组阅读获得 IB 文凭的最低要求 分组决定案例中的学生是否获得文凭 **目标：** 能根据 IB 要求解释学生什么情况下无法获得大学预科文凭 **资源：** IB 官方文件中相关部分 DP Failing Conditions
第六小节	**IB 如何评估学生的学习成果？** 两种评估方式：排名 vs. 评估标准 　排名：中国高考（一次 / 年，一考定终身） 　排名：SAT+ 托福（多次 / 年） 　评估标准：IB IB 的校内评估 vs. 校外评估

<table>
<tr><th>第一单元</th><th>教学活动 + 目标 + 资源</th></tr>
<tr><td></td><td>以中文评估大纲为例详细解释

目标：
分析 IB 评估理念和方式的利弊

资源：
①《语言 B 指南》第 27 页评估部分标准参照评估法 vs. 对比参照评估法
② 高考：教师简单讲解</td></tr>
<tr><td rowspan="2">第七小节</td><td>IB 大学预科文凭的优势
小组活动：学生分析前面每一小节内容中 IB 教育的特点和优势
参考下面的文章，准备口头报告

资源：
中文媒体采访文章、视频（文章可酌情删减，或只划出需要阅读的部分，但尽量不要修改原文，除非原文有明显错误）</td></tr>
<tr><td>原始材料：
①《知乎：IB 学生相比其他预科课程的学生，优势何在？》（2014）（见附录 1）
②《走进神秘的 IB 国际课程》（2011）
③《IB 课程优势分析》（2015）
④《教你“看透”A-Level 与 IB 课程》（2015）
⑤《美国大学委员会：对 AP 和 IB 学生我们同样看好》（2016）
⑥《给孩子不一样的国际教育》（2017）
⑦《采访：探访 IB 课程亚太区总部：这门国际课程在中国发展如何？》（2017）
⑧《IB 高中课程究竟该怎么选？》（2017）</td></tr>
<tr><td>单元评估：
口头报告</td><td>概念：受众意识
在做口头报告时如何抓住听众的注意力？有哪些策略？

目的：
在口头报告中尝试使用不同策略</td></tr>
</table>

● 第四步：从真实语料到教学材料

如何将真实语料转化成教学材料是很多教师关心的问题。现在网络上有各种各样的实用工具和应用可以选用，比如给汉字加拼音、繁简字转化、生词表制作、生词练习、测试比赛等。我们在教学过程中发现，在尽可能保留原始资料原貌的前提下，下面两项任务教师必须亲手操作，无法借助其他工具来完成：

1. 适当删减，修改原文中的错误及不恰当表述；

2. 将文章中重要的词语分类标注。我们可以用背景颜色来区分各类词语：

   a. 粉色：与话题紧密相关的重要概念、术语

   b. 绿色：连接词、起语法作用的词

   c. 黄色：普通词语（不与话题直接相关，可以用在其他话题中的一般性词语）

   d. 蓝色：成语、俗语、惯用语、常用搭配

把一篇文章中的词语进行分类对语言习得的学生来说是很有意义的鹰架支持，这四类词语是按照重要程度排列的。这样的分类标注为分层教学提供了一定的支持。水平较低的学生可重点学习前两类，而水平较高的学生还需要关注后两类。也就是说，教师通过标注颜色已经为学生划出了学习重点。

我们现在以“知乎”上一个有关 IB 学生优势的问题为例，说明如何将原始资料加工成适合中文 B 的教学材料：

文章来源：知乎提问，“IB 学生相比其他预科课程（如 AP、A-level 等）的学生，IB 学生申请美国学校会有什么样的优势？大学会比较重视 IB 所培养的哪些能力？”

原文署名：Harry

原文链接：http://www.zhihu.com/question/21318408

附件 1（P167）是经过修改加工的教学版课文，教师们可以比较一下两者的区别。

我们对真实语料的处理方法只为教师们提供一个思路。在实践中，教师们可积极尝试，发现适合各自条件的教学方法。

四 第二单元 中国教育的压力与烦恼

第二单元围绕 IB“健康与幸福”的话题展开，焦点放在教育和高考带给学生的压力和烦恼这个话题上。事实上，由于中国的特殊文化背景，这一压力还同时影响着家长、教师、学校、社会、政府等各个方面，因此“观点采择”成为本单元探讨的概念。

● 第一步：确定单元主要评估方式

2018 年开始实施的 IB《语言 B 指南》规定，试卷一为书面写作任务，评估标准中将 2015 年实施的指南中评估标准 C“形式（Format）”改为“概念性理解（Conceptual Understanding）”。概念性理解为 6 分，占到总分 30 分的 20%。

这里的概念性理解指的是语言习得课程中的“受众”“目的”“情境”“意义”和“变异”五个概念，这些概念是有效交流讯息的基础。引入语言习得的概念性理解，拓宽了“形式”这一偏重“文本类型”的评估标准。

“文本类型”作为评估标准时，要求学生的写作“看上去”“听上去”都符合指定文本类型的要求；而新指南的概念性理解所要考虑的是，在这种“情境”下，作为这样的“角色”，采用什么“文本类型”才能达到试卷所要求的“目的”，这样的“文本类型”是否适合题目中的“受众”。试卷一会给出三种文本类型供学生选择。

试卷一包括三个写作题目，针对不同受众、情境和目的。每个题目针对教学大纲中一个不同的主题。本单元试卷一的三个题目都是基于同一话题，即与教育相关的压力和烦恼。

第二单元 中国教育的压力与烦恼 | 评估活动：试卷一

文本类型：日记 / 电邮 / 校刊文章（字数：300–480 个汉字）

题目一	题目二	题目三
你昨天和美国同学大伟聊天儿，知道他可以自己选择在学校学习什么 IB 课程，参加什么课外活动。他的父母非常尊重他的选择。请选择适当的文本谈谈父母对待孩子的不同做法以及父母给孩子更多选择自由的利与弊。	芳芳是你以前在中国上学时认识的朋友，今年上初三，要准备中考。芳芳给你写邮件，抱怨她在中国学习压力太大，妈妈也不理解她的感受。请选择适当的文本谈谈你在国际学校学习的情况，并帮助芳芳说服她的妈妈。	自从今年开始学习国际文凭课程，你的学习压力很大。为了提高学习成绩，父母每天放学后都为你安排了各种课外班和家教，但你不希望放弃你最大的爱好。请选择适当的文本谈谈你的感受，并想办法说服你的父母。

● 第二步：确定单元框架蓝图

- **中国教育的压力与烦恼**
  - ❶ 中国的教育制度
    - 学制
    - 高考
    - 科举（HL）
  - ❷ 高考的烦恼与压力
    - 学生
      - 没有乐趣
        - 死记硬背
        - 题海战术
      - 放弃爱好、课外活动
      - 心理压力大
        - 考场身体不适
        - 一考定终身
        - 望子成龙、望女成凤
      - 精英教育
        - 千军万马过独木桥
    - 老师、学校
      - 应试教育
        - 高考工厂
        - 死记硬背
        - 题海战术
      - 压力大
        - 老师工作根据学生成绩来评判
        - 学校的好坏根据高考升学率来评判
    - 家长
      - 与子女的冲突
      - 父母之间的冲突
      - 为高考做出牺牲
    - 社会
      - 全民高考
        - 建筑工地
        - 餐馆
        - 旅馆、酒店
        - 交警
        - 医院
        - 家长
  - ❸ 原因分析（HL）
    - 中国大学 = 精英教育
    - 文化 + 传统
      - 重视教育
      - 科举考试
    - 父母的期待
      - 光宗耀祖
      - 不让父母失望
  - ❹ 解决压力的办法
    - 减压
      - 学生
        - 爱好
        - 健康饮食
        - 充足睡眠
        - 朋友
        - 心理专家咨询
      - 家长
      - 学校
      - 政府
    - 其他教育选择
      - 出国留学
      - 国际教育

● 第三步：教学资源和教学活动的设计

根据单元框架蓝图所提供的全景视角，寻找合适的切入点和教学资源，并以此安排教学活动。

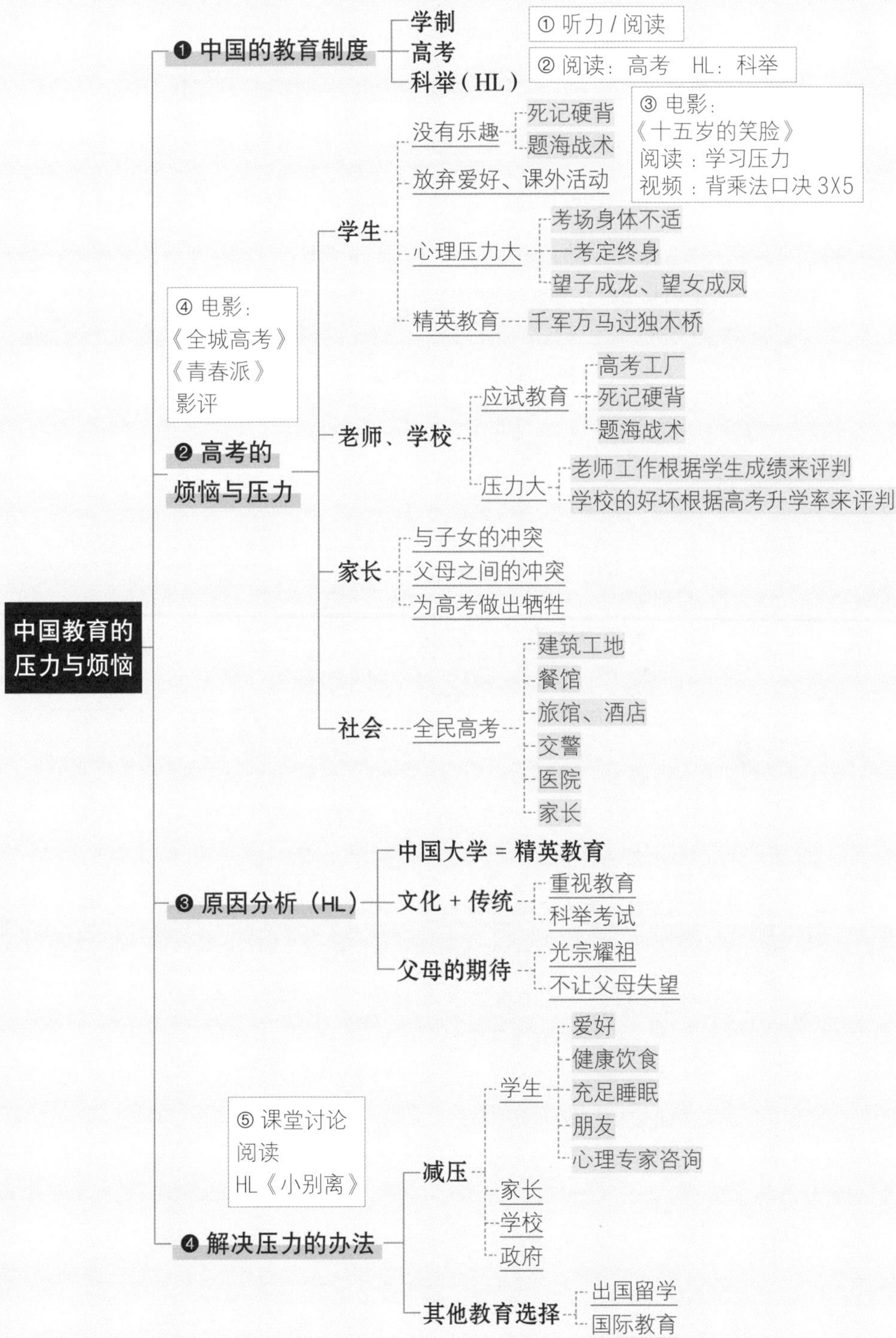

在单元框架蓝图上大体设计出各个部分的教学资源，再详细安排教学活动。有时，学校假期或其他因素会打乱事先计划好的教学安排，灵活加减穿插一些短小的视频资源也是非常实用的小策略。

在本单元中，中文B的学生一般对中国的教育体制和学制并不十分了解，一些专用术语和词汇也需要在单元开始时引入。第一篇文章可以选用课本或针对中文B学生的材料（见下表第一小节资源）。下表列出了主要课堂教学活动及其资源清单，供教师们参考。

第二单元	教学活动 + 目标 + 资源
第一小节	**中国的教育体制（听力阅读练习）** 义务教育、基础教育、高等教育 小学、初中、高中、大学 高考、学位、工作 考研、留学 **目标：** 了解中国教育的各个阶段 能说出国际学校各年级与中国学校的对应关系 能根据段落中的连接词和关键词推测段落大意 **资源：** ① 慢速中文：第三十课中国的教育系统（含录音） ② 课本《变化中的中国》第四课 教育
第二小节	**中国的高考（阅读理解）** 中国高考是全社会的事 中国的高等教育是精英教育 高考的独木桥正在变宽 连接词的作用 HL：高考与科举制度

第二单元	教学活动 + 目标 + 资源
	目标： 根据连接词和关键词判断句子大意 找到文中事实所支持的观点 能用具体事例说明全社会重视高考 **资源：** ①《上大学的“桥”变宽了》http://www.china.com.cn/chinese/ch-yuwai/183405.htm ② HL：《为什么我们仍然离不开高考？》（作者：罗维斯） ③ 科举制度：《灿烂的中国文明》网站 https://cn.chiculture.net/（简繁体、英文）
第三小节	**初三学生面对的压力** 电影《十五岁的笑脸》 观看前角色分组：学生、教师、家长 小组文字记录各自角色的烦恼、压力 三个不同角色重组分享 文章 1：《一个初三毕业生的星期天》 文章 2：《中文听说读写》第九课教育 孩子的周末被安排得满满的 孩子不想让父母失望 健康问题：睡眠不足 / 休息 / 饮食 **目标：** 从不同角色的角度看问题 整合（文章不同段落 / 电影）相关信息 **资源：** ① 电影《十五岁的笑脸》

第二单元	教学活动 + 目标 + 资源
	②《一个初三毕业生的星期天》(作者：张婷婷第二课堂(B)2002年第05期) ③ 第九课教育(《中文听说读写》Level 2 Part 1) ④ 视频：小女孩背乘法口诀，35太难了！
第四小节	**高考的烦恼与压力** 高考带给不同社会阶层家庭的问题 高考之外的选择(压力应对) 学生、家长、教师在高考中承受的压力 高考压力原因分析 **成语与观点采择概念** 设身处地：想象他人观点 推己及人、将心比心：想象自己观点 阅读策略：文章段落展开的结构模式(《青春派》影评) **目标：** 从学生、家长、教师三个不同角度看待高考带来的压力问题 能在写作或口头交流时应用“想象他人观点/感受(如果我是你……)”及“想象自己观点/感受(如果我在这种情境下……)”等共情策略 能够在阅读中运用文章段落展开的结构模式支持阅读理解 **资源：** **①《青春派》：畸形高考，残酷青春！(作者：列文)(见附录2)** ② 电影《全城高考》《青春派》 ③《高考电影TOP8，带你重拾考场上的青春》 ④《全城高考》出品人谷国庆：努力还原真实实现两个突破(人民网)

<table>
<tr><th>第二单元</th><th>教学活动 + 目标 + 资源</th></tr>
<tr><td>第五小节</td><td>压力管理
学生压力过大的表现（课堂讨论）
高中生压力来源：学习、同学、家长、学校
学生如何减压：运动、爱好、饮食、睡眠、朋友、心理咨询
从其他不同角度探讨压力管理：家长、教师、学校、社会、政府等方面
脱离高考 / 脱离应试教育体制

目标：
学会从哪些方面分析压力的问题
能对学生减压提供多方面的具体建议

资源：
①《中日韩美四国高中生比较调查：中国学习压力最大》（北京晚报，2010-04-08）
②《高中生的压力来源于哪里？》（人民网 教育频道）
③《高三家长要如何帮助考生减压》（http://gaokao.eol.cn）
④《请不要给我的孩子减负》（搜狐教育）
⑤ HL《小别离》</td></tr>
<tr><td>单元评估:
试卷一
书面写作</td><td>概念：观点采择 + 语言 B 中的概念性理解

目标：
在书面写作中尝试观点采择的共情策略以达到说服别人的目的
在书面写作中选择适当的文本类型以体现语言 B 中的概念性理解</td></tr>
</table>

● 第四步：从真实语料到教学材料

本单元的一个真实语料为豆瓣电影上作者列文写的关于电影《青春派》的影评。原文篇幅较长，我们将原始资料做了缩减，加工成 1200 多字的文章。这对中文 B 普通课程 SL 的学生还是稍长，需要教师准备更多的鹰架支持。

文章来源：豆瓣影评

原文署名：列文

原文标题：《青春派》：畸形高考，残酷青春！

原文链接：https://movie.douban.com/review/6220492/

附件 2（P169）是经过修改加工的教学版课文。

五 第三单元 比较对照：中国教育与 IB 国际教育

第三单元“比较对照：中国教育与 IB 国际教育”基本上是学习了 IB 国际教育和中国教育两个话题后很自然的对比和反思，更是重视子女教育的华人家长普遍关注的话题。什么是真正的国际教育？我们应该从哪些方面来比较这两种教育体系？它们各自有哪些优势和劣势？最根本的区别在哪里？回答这些问题无论对深受应试教育之苦的学生和家长来说，还是对学习中文的国际学校的学生来说，都是对自身所处环境的反思，有助于他们明白接受教育的意义。

由于本单元的重点是比较，可以借鉴“对照比较”的图形框架组织梳理教学思路。两种体系下学生之间的相互理解也可进一步强化“观点采择”的概念。

● 第一步：确定单元主要评估方式

我们为本单元设计了中国学校和 IB 国际学校学生进行校际交流对话的口

头教学评估。在有条件的地区可以根据学校具体情况，安排较深入的探究式项目。如果条件不允许，可以将学生分组，分别代表中国学校和 IB 国际学校进行角色模拟讨论。

小组互动口头活动

你是一名中国学校高二年级（IB 国际学校 11 年级）学生，要代表学校参加一个校际交流活动，与IB 国际学校（中国学校）的学生一起交流不同教育体制的优势和问题，以寻求解决各自问题的途径。请和你的小组成员准备自己学校的介绍和你们所关心的关于 IB 国际学校（中国学校）的问题，并参加这次交流活动。

● 第二步：确定单元框架蓝图

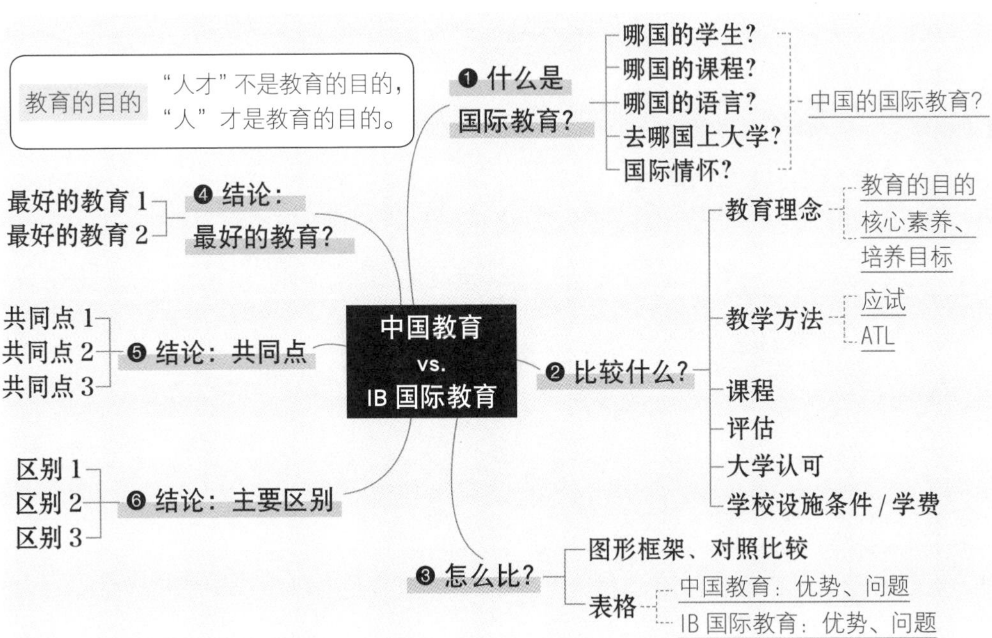

● 第三步：教学资源和教学活动的设计

本单元由于是在前两个单元基础之上进行总结反思，因此新的教学材料不多。下面的单元框架蓝图上标注了主要的教学资源以及教学活动。

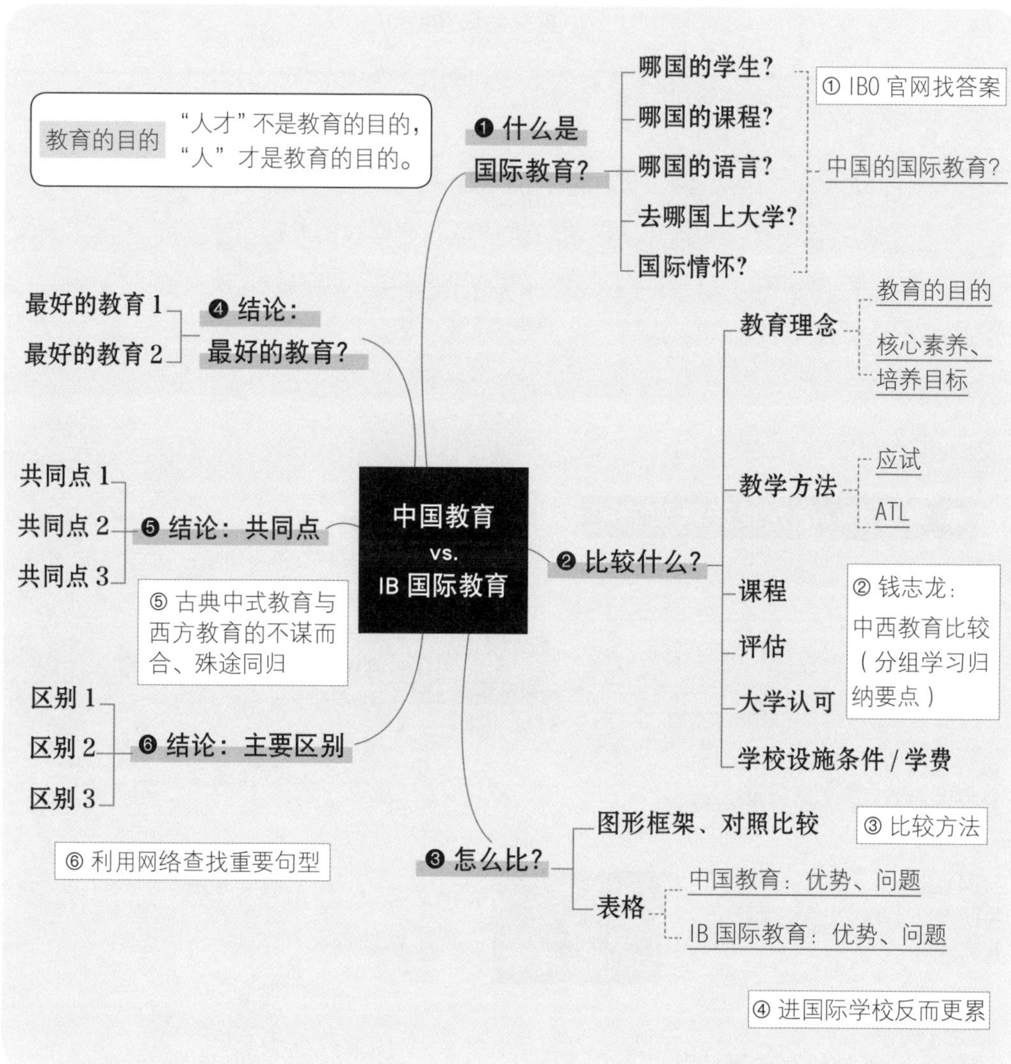

第三单元	教学活动 + 目标 + 资源
第一小节	**什么是国际教育？引导问题：** 哪国学生？哪国教师？ 哪国课程？ 哪国语言？ 去哪国上大学？ IB 世界学校？为什么不是 IB 国际学校？ 中国（某国）的国际教育？ **目标：** 能够用自己的话定义 IB 国际教育 **资源：** IBO 官网
第二小节	**中国教育 vs. IB 国际教育：比较哪些方面？** 学生分组：教育理念、教学方法、课程、评估、大学认可、学校设施条件及学费 阅读文章《阅读量过千万的中西方教育比较》，思考中国教育的问题 小组活动： 以上公众号内容分组学习、分享 讨论：教育的目的（教师收集中外相关论点，供学生讨论） 教师介绍：教学方法（术语 + 简单解释） **目标：** 借助图形工具组织观点：对照比较 学会从一些重要方面考察、比较不同的教育体系 对照 IB，找出中国教育需要改进的方面 **资源：** ①《阅读量过千万的中西方教育比较》 （教育者钱志龙微信公众号）

<table>
<tr><th>第三单元</th><th>教学活动 + 目标 + 资源</th></tr>
<tr><td></td><td>② 教育目的："人才" 不是教育的目的，"人" 才是教育的目的。
③ IB 六大教学方法：探究式、协作式、情境教学、概念驱动、因材施教、以评促教
④ 中国应试教学方法：应试教育、死记硬背、题海战术</td></tr>
<tr><td>第三小节</td><td>

用什么方法做比较？

对照比较的图形框架

表格

<table>
<tr><th></th><th>中国教育</th><th>IB 国际教育</th></tr>
<tr><td>优势</td><td></td><td></td></tr>
<tr><td>问题</td><td></td><td></td></tr>
</table>

其他图形工具

目标：

能熟练使用图形工具进行对照比较

资源：

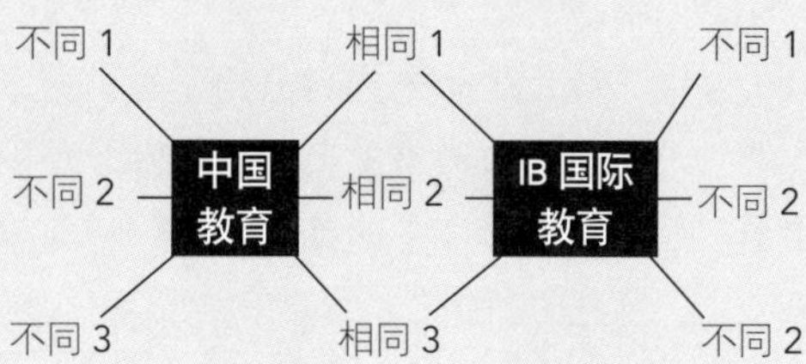

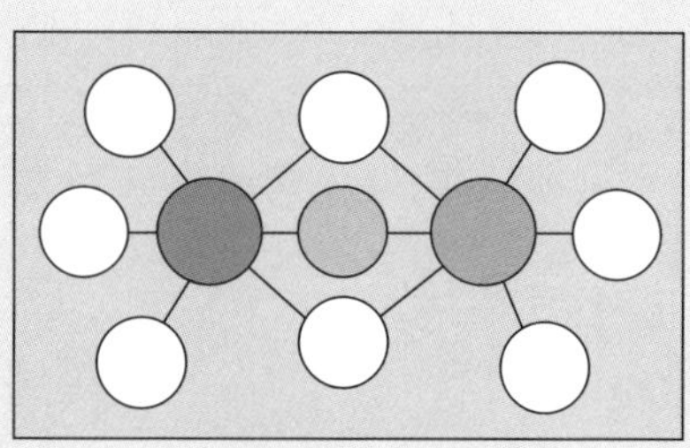

</td></tr>
</table>

第三单元	教学活动 + 目标 + 资源
第四小节	**国际教育等于中国应试教育的对立面？** 学生和家长对国际教育有什么误解？ 无论什么教育体系，学习都需要付出努力 选择最好的教育还是最适合的教育？ **目标：** 运用观点采择技能：从中国学生和家庭的角度看待国际教育 思维方式：任何选择都可能有利有弊 **资源：** ①**《中国高考不好考，美国考大学就容易吗？》（《联合早报》，2018–03–01）（见附录 3）** ②《进国际学校反而更累》（中国国际教育网，2017–05–22） ③《最好的教育 vs. 最匹配的教育》（腾讯网，2018–03–19）
第五小节	**中西方教育有什么共同点？** 本小节推荐的真实材料语言较深，可安排学生配合某一句型，根据材料中的英文选取一个印象最深的（或最没想到的）共同点口头或书面分享。 **目标：** 建立语言习得学生的信心，尝试借助中文句型，用自己的语言表达相对复杂的观点 **资源：** ①《古典中式教育与西方教育的不谋而合及殊途同归》（教育者钱志龙微信公众号） ②《IB 精神和儒家经典竟如此相似》（何玉帛，爸爸真棒微信公众号，2018–01–16）

第三单元	教学活动 + 目标 + 资源
第六小节	**中西方教育最大的区别是什么?** 小组讨论：有关教育的这几个方面有什么关系？哪个方面的区别最大? 教育目的、教学方法、课程、评估方式 **目标：** 在关键句型支持下，分析、评价不同的教育体系 **资源：** 网络翻译或词典： 完成这个教学任务需要哪些中文句型的支持？学生列出他们认为最重要的句型，利用网络资源查找，教师帮助讲解完善。
单元评估： 口头交流	**概念：对照比较的框架** **目标：** 按照一定的逻辑组织大纲进行口头讨论交流 应用中文句型和自己的语言表达较为复杂的思想观点 在互动交流中应用基本的疑问句型和提问技巧

● 第四步：从真实语料到教学材料

本单元的一个真实语料为新加坡《联合早报》2018 年 3 月 1 日刊登的一篇文章。文章主要是向中国学生和家长介绍美国大学挑选学生的主要要求，以此说明在美国进入名校一样不易。原文篇幅较长，我们保留了与主题最相关的部分，将文章缩减至 900 字左右。

文章来源：新加坡《联合早报》2018 年 3 月 1 日

原文署名：唐兰兰

原文标题：中国高考不好考，美国考大学就容易吗？

原文链接：http://www.zaobao.com.sg/wencui/social/story20180301-839051

附件 3（P171）是经过修改加工的教学版课文。

六 第四单元 留学生的身份认同

第四单元“留学生的身份认同”紧扣 IB 第一大主题身份认同。由于东亚国家深受应试教育之苦， 一旦经济条件具备，逃离竞争严酷的高考成为很多家庭的选择，这也是近些年出国留学兴起的基础。然而，留学的路上充满了各种挑战，其中留学目的国与自己国家的政治、经济、社会各方面的差异造成的文化休克和身份认同成为对留学生影响深远的问题。

留学实际上是一种人口迁移，地理学科中的人口迁移推拉理论可以帮助学生在分析留学现象时有一个理论框架，知道从哪些方面去研究迁移话题。身份认同也不是要用中文讲心理学的概念，而是用这个概念让学生理解我们通过哪些标准来判断一个人的身份，我们在建立身份认同的过程中，存在主观认同和客观认同两个方面。

我们为本单元设计了针对 IB 试卷一的写作任务，但写作采用 WA 书面作业的方式，也就是说，教师为学生提供 5–7 篇阅读文章，学生选择其中 3–4 篇作为素材，创作一篇文章。高级课程 HL 的学生可以结合所学的文学作品，加上用自己搜索到的真实材料进行试卷一写作。

下面是第四单元两个概念的思维导图。这两个跨学科概念就是本单元的组织结构图。

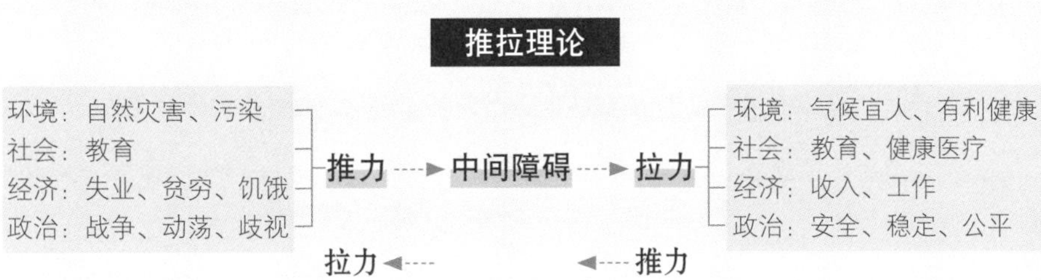

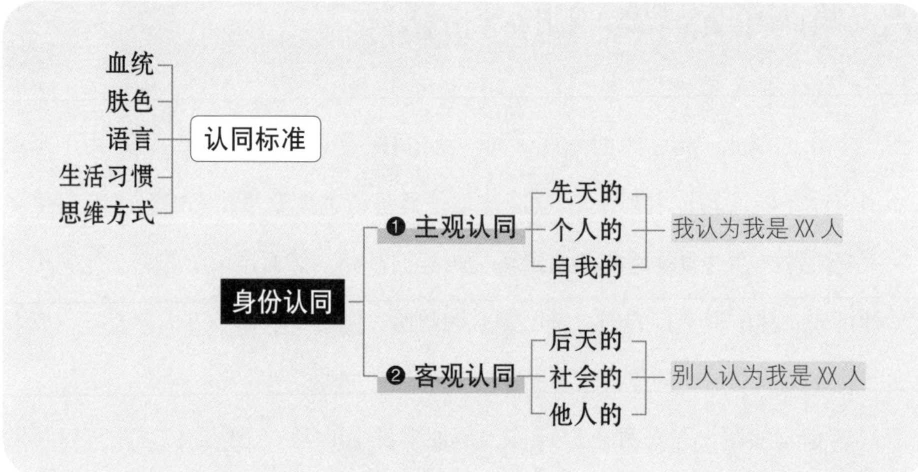

● 第一步：确定单元主要评估方式

我们在本单元没有设计过多的阅读或听力理解来为写作做铺垫，而是采用 WA 书面作业的形式。我们推荐了 15 篇文章作为真实材料，教师可以根据学生的中文水平筛选 5–7 篇作为写作任务的素材。学生可以选择其中 3–4 篇详细阅读，并创作出自己的作品。

书面作业

请在教师提供的 5–7 篇原始材料中选择 3–4 篇文章作为你书面作业的素材。建议以原文中某一人物作为你写作的角色，在原文给定的情境下，就留学生的身份认同话题，选择适当的受众和文本类型完成自己的书面作业。注意：受众和文本类型须适合你所选定的角色和写作目的。

● 第二步：确定单元框架蓝图

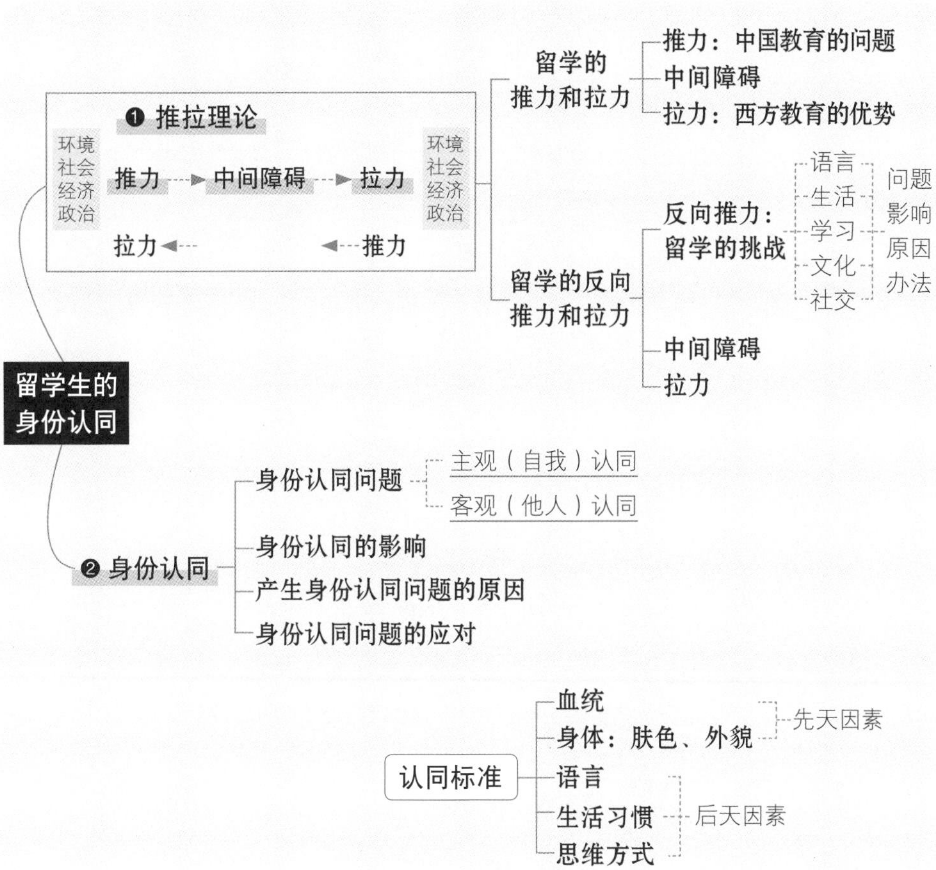

● 第三步：教学资源和教学活动的设计

本单元需要课上讲解的内容不多，主要的教学活动就是引导学生使用单元框架蓝图，整理各自选定的3–4篇原始材料的要点。在此基础上，学生选择各个材料中相关的重要细节和观点完成书面作业的写作。

第四单元	教学活动 + 目标 + 资源
第一小节	**概念：人口迁移的推拉理论** 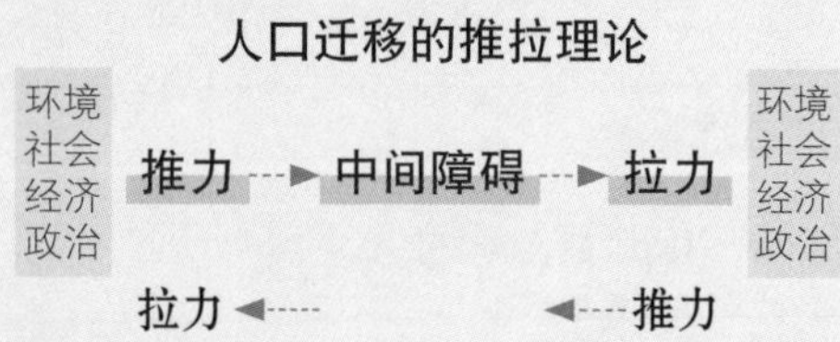 展示推拉理论示意图 讨论：从中国到美国留学有哪些推力、拉力？有哪些中间障碍？ **目标：** 使用推拉理论分析留学现象 **资源：** 推拉理论示意图
第二小节	**留学的反向推力：留学的挑战** 留学生在语言、生活、学习、文化、社交等方面面对的挑战。 **目标：** 借助视频资料理解留学生在各方面面对的挑战。 **资源：** 留学生纪录片 *US*
第三小节	**留学生身份认同的困惑** 身份认同的建构：主观因素 + 客观因素 主观认同：使用中文及拼音与留学生的身份认同有何关系？ 客观因素可能对留学生身份认同带来什么影响？ 如何应对？ **目标：** 使用身份认同的概念分析留学生遇到的困惑和挑战。 **资源：** ① 视频：*Say my name!* ② 视频：*What Kind of Asian are You?*（作者：Ken Tanaka）

第四单元	教学活动 + 目标 + 资源
第四小节	**应用单元框架蓝图指导写作** 以《震撼美国的中国留学生心声：我的中文名很美》为例，学习如何从文章中找出重要细节和观点，并整理在单元框架蓝图中。 学生自己应用单元框架蓝图整理选定的 3–4 篇原始材料的重点内容。 **资源：** 《震撼美国的中国留学生心声：我的中文名很美》 **原始材料：** ①《留学生自述，我们为什么要出国》（沪江留学网，2018–03–22） ②《记者调查：中国在美留学生缘何难过社交关》（新华网，2016–01–06） ③《出国的我，并不是你们想象的那样》（北美留学生微信公众号，2017–04–18） ④《为什么中国留学生身在国外却不愿意与当地人交朋友？》（自远方来，VICE 微信公众号，2017–02–13） ⑤《留学生纪录片 US》（沃克工作室，豆瓣，2013–11–25） ⑥《35 位美国教授一致认同，中国留学生最需要这三种能力》（林晓东，美国留学快报，2017–04–14） ⑦《小留学生无父母陪伴，降落伞学童心理问题凸显》（王若然，中国侨网微信公众号，2018–02–09） ⑧ 留学中的压力管理（上）》（王亚飞，择由教育，2016–07–06） ⑨《留学中的压力管理（下）》（王亚飞，择由教育，2016–07–13） ⑩《震撼美国的中国留学生心声：我的中文名很美》（南京出国留学圈，2017–04–29） ⑪《美国人？中国人？——华裔美籍学生肩上重担》（吴韵瑶编译，魔都晨曦来临微信公众号，2016–09–14） ⑫《香蕉人？芒果人？美国华裔二代的共同问号——我是谁？》（张江，人民日报海外版，2011–02–23） ⑬《异乡人》（Beate，偶题目微信公众号，2016–11–13） ⑭《妈妈，我是中国人还是美国人？》（宁晓松，纽约时报中文网，2013–10–29） ⑮《不要为了实现你的“梦想”，而断送子女的未来 I 移民孩子的控诉》（ArmorUSA，蓝橡树，2017–02–09）

第四单元	教学活动 + 目标 + 资源
第五小节	**设计书面作业大纲** 整合所有原始材料的框架蓝图，选取相关信息 设计书面作业 GRASP　　拟定书面作业大纲 Outline **资源：** GRASP 写作五大元素： Goal：目的　　Situation：情境 Role：角色　　Product：文本类型 Audience：受众
第六小节	写作—修改—定稿

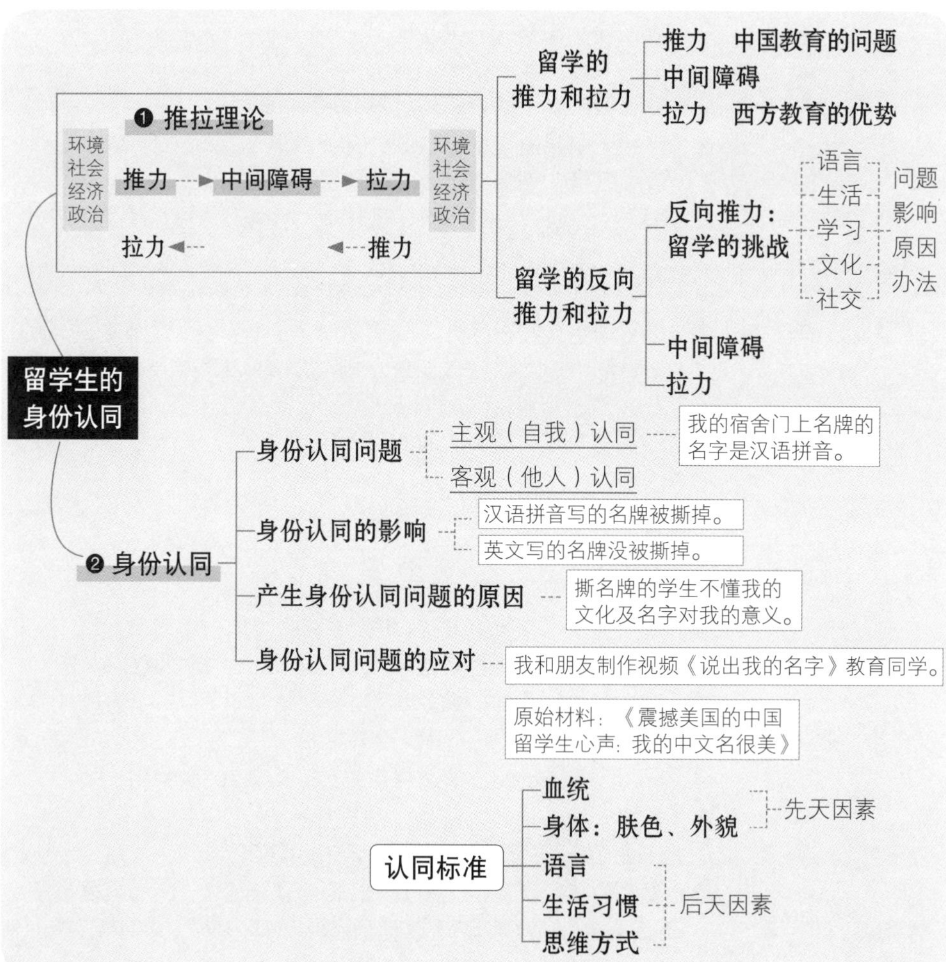

七 第五单元 教育中的歧视

第五单元“教育中的歧视”紧扣 IB 第四主题“社会组织”中的“教育”话题以及第五主题“共享地球”中的“平等”话题。中国社会由于明显的城乡二元结构，农村的教育问题除了教育资源短缺，还有中国独有的移居城市的农民工子女以及农村留守儿童的教育问题。

农民工子女和留守儿童的教育问题是由从农村到城市的人口迁移带来的，地理学科中的人口迁移推拉理论仍然是组织这个单元的重要概念。另外，对任何社会问题的探究都离不开“问题—分析—解决”的思维流程，因此这一流程也是本单元探究的重要概念和工具。

我们为第五单元设计的主要评估任务和第四单元一样，仍然是针对 IB 试卷一的 WA 书面作业。这是考虑到教师们在设计课程时很有可能在第四单元和第五单元中二选一。教师为学生提供 5–7 篇阅读文章，学生选择其中 3–4 篇作为素材，创作一篇文章。

下面是第五单元两个概念的思维导图。这两个跨学科概念就是本单元的组织结构图。

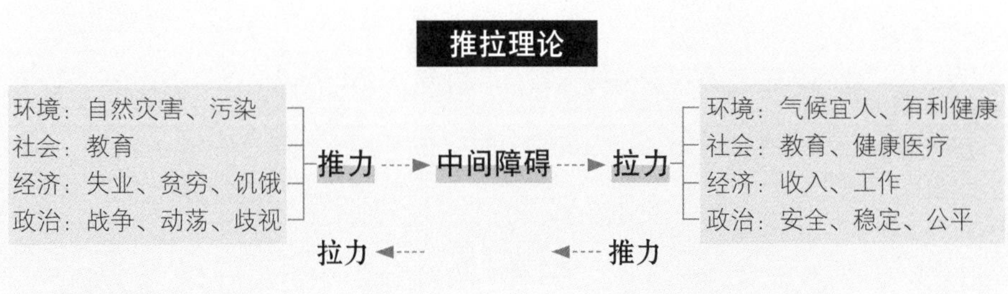

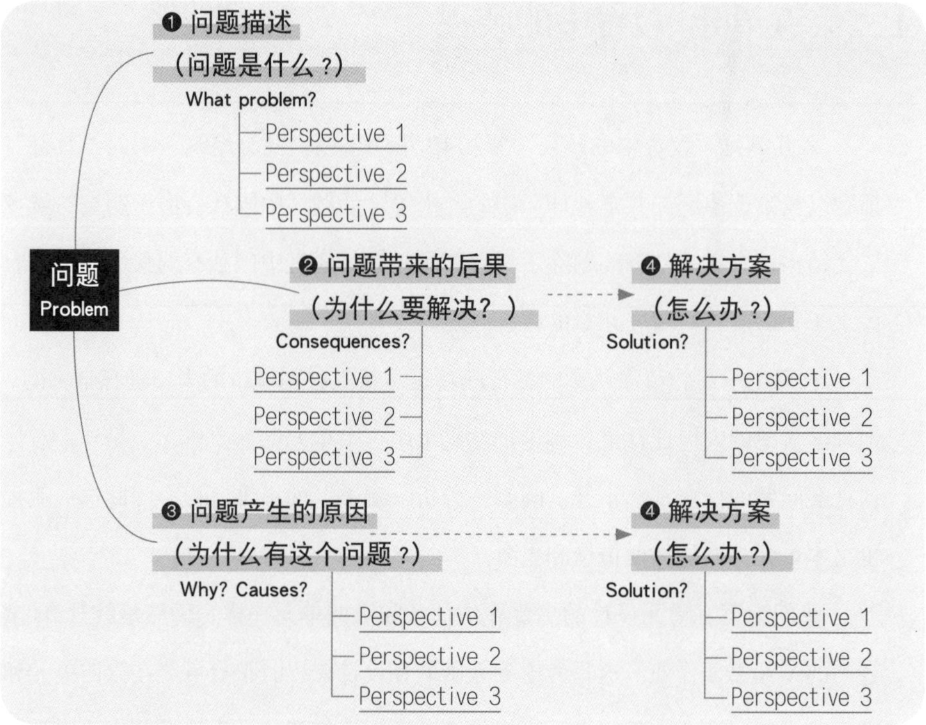

● 第一步：确定单元主要评估方式

本单元设计的主要评估任务为 WA 书面作业。我们推荐 10 篇文章作为真实材料，教师为学生筛选 5–7 篇作为素材。学生选择其中 3–4 篇阅读并创作自己的作品。在这个单元，我们推荐一种简化版的个人口头评估活动：学生根据教学视频截图或文章附图，在观看或阅读后，与教师完成个人或二人口头评估。这项活动可以安排在单元的开始，作为最终书面作业的预热评估。

书面作业

请在老师提供的 5–7 篇原始材料中选择 3–4 篇文章作为你书面作业的素材。建议以原文中某一人物作为你写作的角色，在原文给定的情境下，就农村教育或农民工子女、留守儿童话题，选择适当的受众和文本类型完成自己的书面作业。注意：受众和文本类型须适合你所选定的角色和写作目的。

● 第二步：确定单元框架蓝图

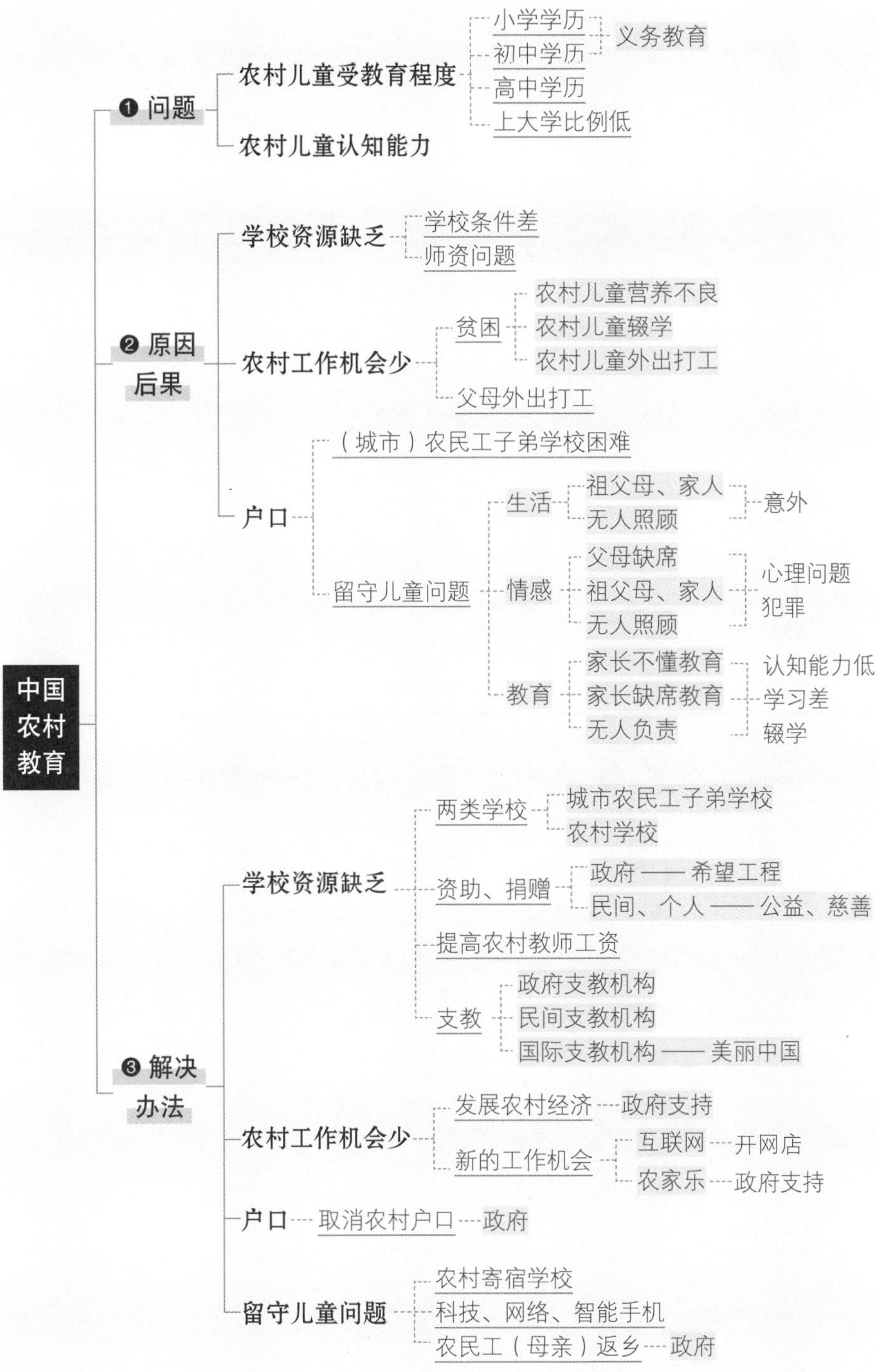

● 第三步：教学资源和教学活动的设计

本单元的主要教学活动就是引导学生使用单元框架蓝图，从课堂活动和各自选定的 3–4 篇原始材料中找到与单元话题相关的重要细节和观点，并以此为素材完成书面作业。

第五单元	教学活动 + 目标 + 资源
第一小节	**农村教育：学校资源缺乏** 学校条件差 师资问题 **留守儿童的情感和学习问题** **目标：** 能够用视频中的细节描述农村学校资源缺乏的两大类问题 用视频截图说明留守儿童遇到的情感和学习上的问题 **资源：** 视频：《城市梦想》之《留守大山的孩子》 （央视网，2017–03–12）
第二小节	**简化版个人（二人）口头评估活动** 选择视频中的截图，和老师讨论农村教育遇到的问题及可能的解决办法 **目标：** 用自己的语言和视频中的细节说明你看到的中国农村教育问题 能就其中一个问题提供一个解决办法 **资源：** 同第一小节。
第三小节	**怎么帮助农村孩子改善他们的教育？** 为学校捐款改善设施 捐助教师的工资 **目标：** 从阅读材料中找出书面作业所需素材 **资源：** 《山洞中的希望小学》（贵州旅游在线，2004–11–30）

第五单元	教学活动 + 目标 + 资源
第四小节	**中国农村儿童受教育的水平及认知程度** 图表数字阅读 与其他国家的比较 **目标：** 通过图表和数字了解农村儿童教育和认知问题 **资源：** 视频 / 文字：《农村儿童的发展怎样影响未来中国》（一席微信公众号，2017–09–15）
第五小节	**怎样提高农村 0–3 岁婴幼儿的认知水平？** 加强营养可以提高认知 母亲对孩子认知能力有很大影响 母亲回到农村有很大作用 建议采用推拉理论和哈佛零方案的可视思维流程“拔河比赛（Tug of War）”对“母亲该不该回到农村”进行小组探究。 **目标：** 进一步深入应用人口迁移的推拉理论，利用“拔河”的可视思维流程对现实生活中的真实问题进行分析、评估。 **资源：** 同第四小节。
第六小节	**应用单元框架蓝图指导写作** 以《一碗土鸡汤结缘农村教育》为例，学习如何从文章中找出重要细节和观点，并整理在单元框架蓝图（见 P89）中。 学生自己应用单元框架蓝图整理选定的 3–4 篇原始材料的重点内容。 ① 视频：《两个人的学校》，央视网。 ②《希望工程 1+1》（中国青少年发展基金会官网） ③《两个人的学校》（新华网，2016–06–21） ④《一碗土鸡汤结缘农村教育》（腾讯公益，2013–05–21） ⑤《苏明娟：我要向整个社会报恩》（光明网，2004–08–10）

<table>
<tr><th>第五单元</th><th>教学活动 + 目标 + 资源</th></tr>
<tr><td></td><td>⑥《这位拿下今年教育大奖的上海老师，改变着农民工子女命运，也能改变你脑中固化的教育观念》
（厉校麟，外滩教育，2017–08–16）
⑦《埋下一颗种子，20 年后再发芽》
（中国青年杂志，2017–08–30）
⑧《美丽中国支教项目 2018–2020 届项目老师招募简章（秋季）》
（香港大学学生发展及资源中心网站）
⑨ 美丽中国（支教公益机构）官网 (http://www.tfchina.org/)
⑩《贵州：洞中的希望》（上）（下）（搜狐新闻，2007–06–05）</td></tr>
<tr><td>第七小节</td><td>设计书面作业大纲
整合所有原始材料的框架蓝图，选取相关信息
设计书面作业 GRASP
拟定书面作业大纲 Outline

资源：
GRASP 写作五大元素
Goal：目的
Role：角色
Audience：受众
Situation：情境
Product：文本类型</td></tr>
<tr><td>第八小节</td><td>写作—修改—定稿</td></tr>
</table>

- **中国农村教育**
  - **❶ 问题**
    - **农村儿童受教育程度**
      - 小学学历
      - 初中学历
      - 高中学历——20%–50% 通过中考
        - （初中学历、高中学历）——少之又少
      - 上大学比例低
        - 城市孩子：83%
        - 农村孩子：3%
    - **农村儿童认知能力**
  - **❷ 原因后果**
    - **学校资源缺乏**
      - 学校条件差——交通不发达
        - 北京－昆明：飞机
        - 昆明－临沧：飞机
        - 巴士
        - 双江县小学：拖拉机
        - 摩托车
      - 师资问题——双江县小学校长：最缺好老师
        - 招不来
        - 留不住
    - **农村工作机会少**
      - 贫困
        - 农村儿童营养不良
        - 农村儿童辍学
        - 农村儿童外出打工
      - 父母外出打工
    - **户口**
      - 城市农民工子弟学校困难
      - 留守儿童问题
        - 生活
          - 祖父母、家人
          - 无人照顾
          - ——意外
        - 情感
          - 父母缺席
          - 祖父母、家人
          - 无人照顾
          - ——心理问题、犯罪
        - 教育
          - 家长不懂教育
          - 家长缺席教育
          - 无人负责
          - ——认知能力低、学习差、辍学
  - **❸ 解决办法**
    - **学校资源缺乏**
      - 两类学校
        - （城市）农民工子弟学校
        - 农村学校
      - 资助、捐赠
        - 政府——希望工程
        - 民间、个人——公益 / 慈善
      - 提高农村教师工资
      - 支教
        - 政府支教机构
        - 民间支教机构
        - 国际支教机构——美丽中国
          - 从普林斯顿退学
          - 中国均衡教育资源平台
          - 大学毕业生申请
    - **农村工作机会少**
      - 发展农村经济——政府支持
      - 新的工作机会
        - 互联网——开网店
        - 农家乐——政府支持
    - **户口**——取消农村户口——政府
    - **留守儿童问题**
      - 农村寄宿学校
      - 科技、网络、智能手机
      - 农民工（母亲）返乡——政府

第六小节原始材料：《一碗土鸡汤结缘农村教育》

第二节　详细案例 2——传统节日春节

一　设计框架

● 框架原则 A：与现实生活（家庭、学校、社会）紧密结合

IBDP 第一年第一个学期结束时，正好是国际学校圣诞节新年寒假前。学生们终于可以放松一下心情，好好儿休息、庆祝一下了。可以想象，不同文化背景的学生们这个寒假一定会以各自不同的方式度过。新年开学以后，中国的农历新年也接踵而至。学生们对节日庆祝从来都充满热情和期待。那么选择圣诞节和春节这两个东西方最重要的传统节日作为主题是不是显得十分自然呢？

选定话题：传统节日

● 框架原则 B：以华人世界独特的经济文化现象为线索

无论是华人世界年轻人对圣诞节的追捧，还是最隆重的中国传统农历新年，以及由于近些年的经济发展和全球化带来的传统习俗和观念的种种变化，都为传统节日这个话题带来丰富多彩的真实文字和影像素材。每年的春节前，农民工的春运问题几乎成为全世界关注的独特话题。近些年由于高铁的发展和经济社会的进步，农民工拿不到工资和买票难的问题已经大大缓解，而户口问题带来的歧视依然受到关注，新一代农民工的身份认同问题却又浮出水面。和春节相关的话题永远牵动人心。

选定话题：中国农历新年

● 框架原则 C：确定单元大主题（Big Theme）内容框架图以及相关的 IB 主题下的话题（Topic）

●● C1: 确定大主题

结合框架原则 A 和 B，我们很自然就可以选定大主题“传统节日春节”。

选定大主题：传统节日春节

●● C2: 画出大主题内容框架图

文献阅读

传统节日春节这个大主题的探究，需要阅读一些跨学科的文献，以对传统节日这个主题有整体的把控。在文献阅读的过程中，我们往往会受到启发，从而找到探究该主题的概念。在本单元主题下，我们推荐由吴宗友和曹荣两位作者合著的研究论文《论节日的文化功能》。这篇论文发表在 2004 年 11 月的《云南民族大学学报》上。下面的大主题内容框架受到了这篇论文的启发。

大主题内容框架图

任何一个传统节日从理论上讲都有两个重要的方面：一个是节日的内涵，这里指起源和功能；一个是庆祝活动。庆祝活动又有庆祝的方式和意义。另外，作为传统的一部分，节日又会有横向的传播和纵向的传承，也可以用另一个跨学科概念“变化”来概括。这些内容基本上可以用下面这四个问题来总结：为什么庆祝？怎么庆祝？为什么这样庆祝？什么变了？中国的春节还有一个非常独特的现象——春运，这又涉及家庭、迁移、平等和认同等较深刻的话题。

- 传统节日春节
  - ❶ 为什么庆祝传统节日？
    - 最初的意义
      - 西方：圣诞节
        - 宗教
          - 天主教
          - 基督教
        - 耶稣的诞生日
      - 中国：春节
        - 农历新年
        - 春天的到来
    - 家庭：团圆、团聚
    - 个人：放松、开心、快乐
  - ❷ 中国春节怎么庆祝？
    - 庆祝方式 — 怎么庆祝？
    - 庆祝意义 — 为什么这样庆祝？
      - 传说
      - 形状 — 像……（一样）
      - 语言 — 谐音、同音字
        - 吉利
        - 忌讳、禁忌
  - ❸ 变化
    - 传播
      - 横向空间传播 — 圣诞节从西方传播到中国
      - 原因
        - 什么因素推动了圣诞节的传播？ — 全球化的影响
        - 西方节日为什么受欢迎？
      - 结果
        - 节日功能
          - 最初的意义 — 失去 / 不重视
          - 家庭：团圆、团聚 — 失去 / 不重视
          - 个人：放松、开心、快乐 — 保留
        - 庆祝方式 — 中国化 — 走样 / 改变
      - 文化传播本土化
    - 传承
      - 纵向时间传承 — 从一代人传到下一代人
      - 传承（继承）传统文化
        - 消失
        - 新的庆祝活动
        - 没有变化 — 保留
        - 变化
          - 庆祝方式改变 — 庆祝意义不变
          - 庆祝方式不变 — 庆祝意义改变
          - 庆祝方式改变 — 庆祝意义改变
  - ❹ 迁移与平等
    - 农民工的春运
    - 团圆的力量
      - 拉力
      - 中间障碍
    - 迁移：去城市打工
      - 推力
      - 拉力
    - 平等与认同
      - 户籍制度 — 农村户口
      - 回不去的家乡

●● C3: 参照 IB 主题确定教学单元话题

在上图的传统节日大主题内容框架下，根据 2018 版新大纲要求的五大规定性主题，我们需要设计选择符合 IB 主题和话题的教学单元。同时，还要考虑两类话题：第一类侧重培养学生“记忆”“理解”“应用”等基本技能，第二类则适合培养学生“分析”“评价”“创造”等高阶技能。

根据 IB 大纲指定的内容，我们尝试从下面这些角度研究传统节日这个大主题：

话题一　全球化：圣诞节在中国

话题二　习俗与传统：中国人怎么庆祝春节

话题三　变化：春节习俗的变与不变

话题四　迁移与平等：农民工的春运

以上四个教学话题涉及一个第一类基本技能话题和三个第二类高阶技能话题。

直接涉及的 IB 主题有：主题二“经历体验”、主题五“共享地球”。另外在“变化”单元中，还会探究主题一“身份认同”、主题三“发明创造”、主题四“社会组织”。

● 框架原则 D：以概念统领整合主题单元的创作及教学活动

从大主题内容框架图我们可以看出“变化”是贯穿整个主题的大概念。在每个单元中，还有与单元评估相关的学科概念。此外，培养高阶思维方式的抽象阶梯也值得尝试。

●● 话题一　全球化：圣诞节在中国

话题一是在学生们刚从圣诞假期返校后要学习的第一个单元，探讨的是人们过圣诞节的不同方式和原因。这就首先涉及节日的功能，也就是说，我们为什么要庆祝节日。结合学生们的课堂讨论和分享，安排他们写日记（博客或校刊文章）来进行评估。在日常教学中我们发现，学生往往容易把日记写成一篇论说文，也就是说，日记的惯用手法被忽视了。因此，不仅要让学生知道怎么写日记，更要让他们知道，选择任何文本类型写作都要让自己写出的文章"看上去"符合文本类型，而且"听起来"也符合文本类型。

概念一：节日的功能

概念二：试卷一评估中的概念性理解

- 文本类型适合吗？
- 语体和语气适合情境、目的和受众吗？
- 文本类型的惯用手法用到了吗？

•• 话题二　习俗与传统：中国人怎么庆祝春节

这一话题的设计是通过小组亲身实践春节活动并在全班做口头报告来探究文化的形式和意义（内涵）。这两个概念对任何传统习俗和文化产品的理解都是相当重要的。

概念三：形式和意义

•• 话题三　变化：春节习俗的变与不变

第三个教学话题要探究的概念是变化。这里最重要的是把所有变化的可能性列出（见右上图），这样才能全面分析各种各样的变化。

我们为这一话题安排了模拟校内个人口头评估 IA。为了提升学生交流复杂讯息的抽象能力，我们用抽象阶梯的概念来引导学生的口头交流。

概念四：变化

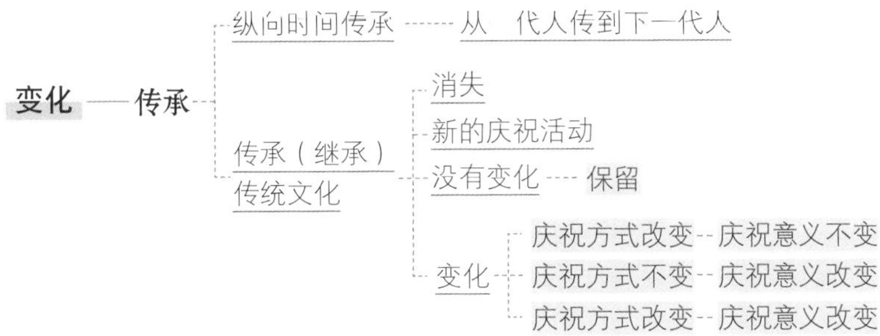

概念五：抽象阶梯

概念的不同抽象程度（底层最具体）

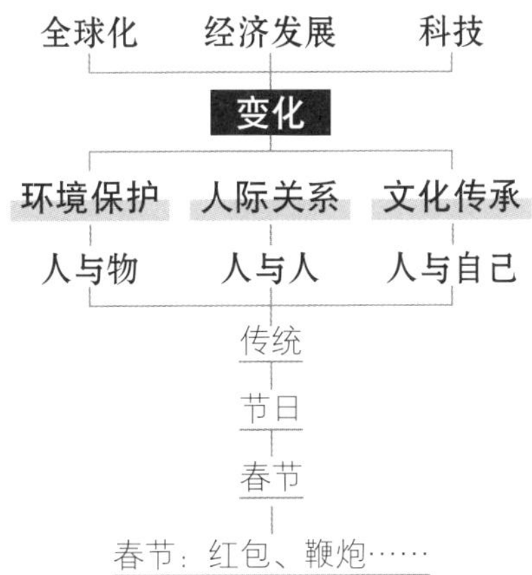

●● 话题四　迁移与平等：农民工的春运

农民工为了更好的生活到城市打工，在春节一定要回到自己的家乡与家人吃年夜饭。春运现象被称为人类历史上规模最大的人口迁移。很自然，“人口迁移推拉理论”又一次成为梳理这一单元脉络的神秘之手。

概念六：人口迁移的推拉理论

● 框架原则 E：根据 IB 评估标准进行教学评估活动设计

在下面这张“传统节日春节“大主题的内容和评估设计图中，我们根据 IB 新大纲的评估要求，安排设计了各话题单元的教学评估活动。

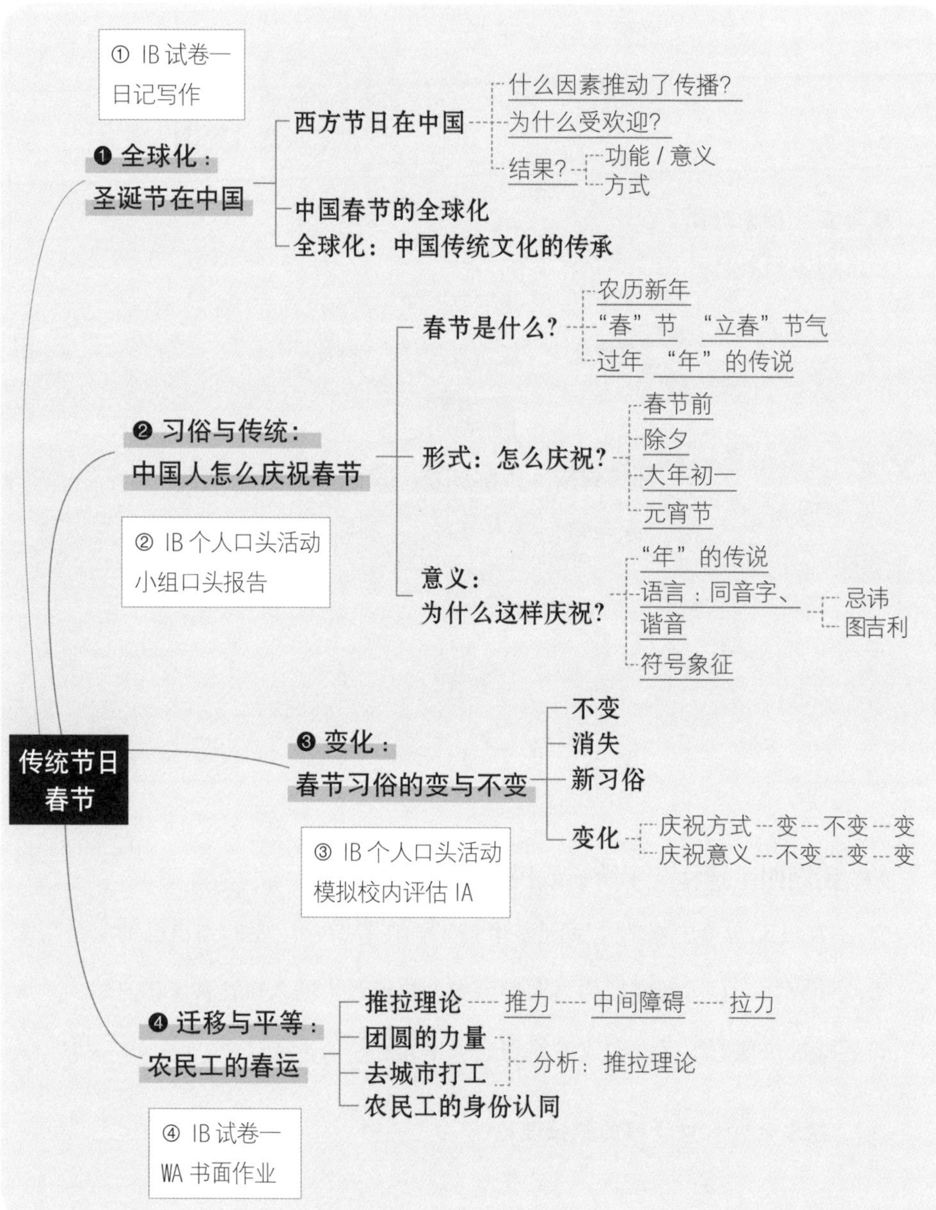

教学评估最好在一个大主题内能够设计针对新大纲中的四种评估方式的活动，特别是试卷一书面写作和校内评估个人口头活动这两项。

话题一　全球化：圣诞节在中国	日记：不同文化背景的人怎么庆祝圣诞节
话题二　习俗与传统：中国人怎么庆祝春节	小组口头报告：春节庆祝活动的方式和意义
话题三　变化：传统习俗的变与不变	个人口头活动：模拟校内评估 IA（抽象阶梯）
话题四　迁移与平等：农民工的春运	WA 书面作业

二　单元教学设计重点

下面四张思维导图汇总了传统节日春节大主题下四个教学单元的概念、教学内容及评估活动。

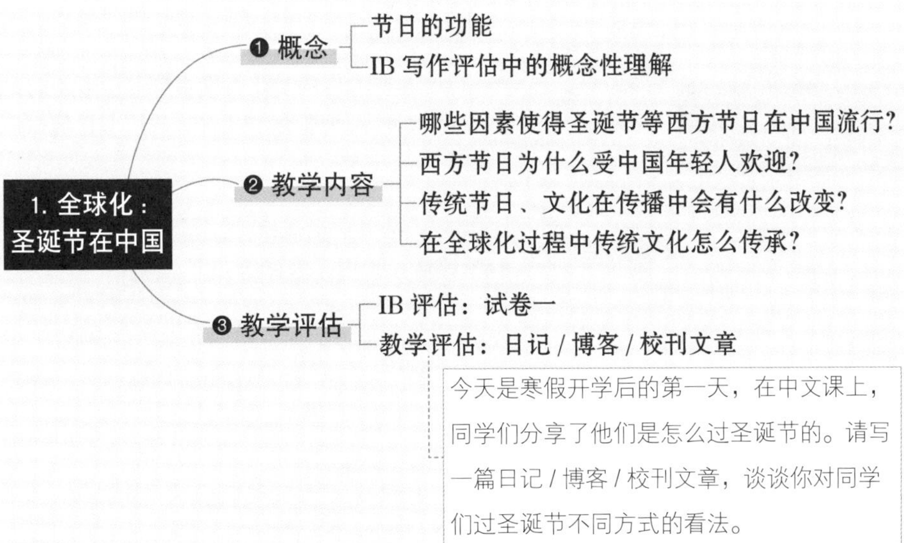

2. 习俗与传统：中国人怎么庆祝春节

- ❶ 概念 — 形式与意义 Form and Meaning
- ❷ 教学内容
  - 春节是什么？庆祝什么？
  - 在整个春节期间有哪些主要的庆祝活动？
  - 人们为什么这样庆祝？代表什么意义？
- ❸ 教学评估
  - IB 评估：个人口头活动
  - 教学评估：小组口头报告

> 春节快到了，你的小组负责班级春节庆祝活动所需的某种文化物品。请准备小组口头报告，介绍你们的制作过程以及这一文化物品的形式和意义。

3. 变化：春节习俗的变与不变

- ❶ 概念
  - 变化 Change
  - 抽象阶梯 Abstraction Ladder
- ❷ 教学内容
  - 传统春节习俗可能发生哪几种变化？
  - 传统春节习俗的形式和意义中哪个更容易发生变化？
  - 传统春节习俗的变化常常由哪些因素引起？
  - 我们为什么需要传统？你对传统文化的传承有什么责任？
- ❸ 教学评估
  - IB 评估：个人口头活动
  - 教学评估：模拟校内评估 IA

> 请在老师提供的两张视觉启发材料中选择一张，做一个 3 分钟左右的口头表达。谈谈视觉启发材料上所展示的春节庆祝方式和意义，并与老师讨论相关话题。

4. 迁移与平等：农民工的春运

- ❶ 概念
  - 推拉理论 Push and Pull Theory of Migration
  - 身份认同 Identity
  - 文本类型 Text-Type
- ❷ 教学内容
  - 中国出现春节前的大规模人口迁移指的是什么？
  - 这些农民工回家团圆有哪些主要拉力？哪些中间障碍？
  - 中国的户籍制度有哪些主要功能？
  - 农民工去城市打工的拉力、推力有哪些？
  - 哪些因素会影响一代和二代农民工的身份认同？
- ❸ 教学评估 SL
  - IB 评估：试卷一写作
  - 教学评估：WA 书面作业
    - 从老师提供的5-7篇阅读文本中选择3-4篇作为素材，以文章中的某个人物作为你写作的角色，在老师给定的三种情境及其目的下，选择适当的受众和文本类型进行写作。

三 第一单元 全球化：圣诞节在中国

● 第一步：确定单元主要评估方式

这是寒假过后的第一单元，我们选择的话题是“全球化：圣诞节在中国”。学生们分享他们在寒假过圣诞节的不同方式，并讨论人们为什么庆祝节日。第一个写作任务可以安排日记、博客或校刊文章，探讨节日的主要功能、不同文化背景的人庆祝圣诞节的不同方式和原因，以及全球化与本土化的现象。

● 第二步：确定单元框架蓝图

讨论圣诞节这个西方的传统节日在今天全球化的大背景下向其他地区的横向传播，是一个非常有意思、也非常有意义的话题；同时又与国际学校中为数众多的“第三文化孩子们”的生活经历息息相关，因此也容易产生共鸣。

以笔者所生活的菲律宾为例，圣诞节这个西方传统节日由当年的西班牙殖民者带到当地，已经深深融入当地人民的生活，成为这个国家最重要的节日。而圣诞节在中国的传播却呈现出非常“中国化”的现象。探讨这个话题符合 IB 在全球背景下的学习。

下面是“全球化：圣诞节在中国”的单元框架蓝图。

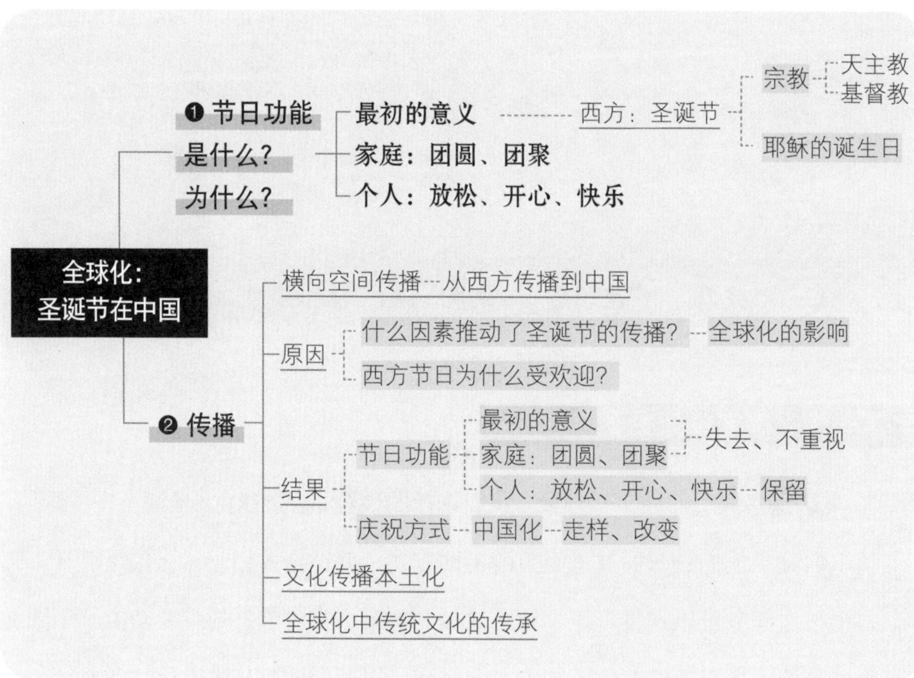

● 第三步：教学资源和教学活动的设计

这一步是根据单元框架蓝图收集选择教学资源，安排教学活动。

教学资源：使用一部分英文资源可以有效激活学生的思维，为他们提供学习所需的背景知识和概念。英文材料可以作为家庭作业，在课堂讨论或新的内容开始前布置给学生阅读。另一种使用英文资料的方法是同时给学生一篇文章的两种语言版本，学生可以对照英文版，快速地查找、辨识、猜测中文文章中对应的主题关键词。这种方法比提供生词表更能有效地调动学生的思考和理解。在本单元中，我们使用了两篇英文文章。

教学活动：有了单元框架蓝图，我们就可以用手头已有的教学资源来支持某个概念或内容的学习。同时，通过单元框架蓝图，也可以知道哪个部分资源还不足，还需要补充加强。但是，由于各学校学生的特殊性，在安排教学活动时不一定有时间完成所有内容。在这种情况下，我们仍然建议和学生分享单元的完整框架蓝图，让学生知道这张拼图上缺了哪块，其最重要的概念是什么。有兴趣的学生还有可能自己去找资料把这块缺掉的拼图补上。

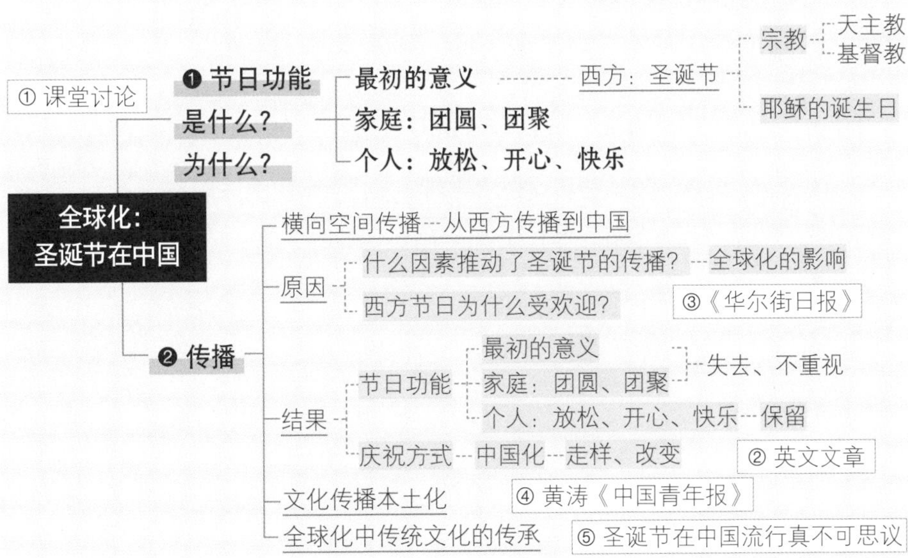

下表列出了各小节课堂教学活动和资源供教师们参考。

第一单元	教学活动 + 目标 + 资源
第一小节	**课堂分组讨论，全班分享：** 你们是怎么过圣诞节的? 你为什么庆祝圣诞节? 人们为什么庆祝节日? **目标：** 运用适当语法表达过去发生的事情 了解不同的人庆祝圣诞节的不同方式 **资源：** 全球化 vs. 本土化 Globalization vs. Indigenization
第二小节	**中国人怎么庆祝圣诞节?** **目标：** 描述中国人庆祝圣诞节的不同方式 分析为什么不同的人庆祝圣诞节的方式不同 **资源：** ① Eight fascinating facts about Christmas in China (Max Fisher, Washington Post, 2012–12–24) ② Christmas with Chinese characteristics (Huang Hung, China Daily, 2009–12–29)
第三小节	**哪些因素使得圣诞节等西方节日在中国流行?** **西方节日为什么受中国年轻人欢迎?** **目标：** 使用思维导图（或其他图形组织工具）从不同原始材料中综合整理信息 思考一个传统节日的哪些功能容易传播，哪些容易改变

第一单元	教学活动 + 目标 + 资源
	资源： ①《西方节日成中国奢华派对借口》 （何佩嵘，《华尔街日报》，2013–11–25） ②《读报：外媒解析中国人为何热衷圣诞节》 （刘罡，《华尔街日报》，2014–12–26）
第四小节	**圣诞节的中国化有哪些表现？** **中国文化在国外的传播有哪些本土化现象？** **目标：** 通过具体细节分析外来文化传播过程中的本土化现象 **资源：** ①《圣诞节中国化：一场青年的节日改造》 （黄涛，《中国青年报》，2014–12–23） ②《西方节日成中国奢华派对借口》 （何佩嵘，《华尔街日报》，2013–11–25）
第五小节	**热衷庆祝西方节日 vs. 中国传统节日的传承** 热衷西方节日是否导致淡忘传统节日？ 年轻人有没有责任传承传统文化？ **目标：** 反思年轻人对传统文化传承的责任 （如果时间不够充裕，这一小节可以跳过。老师只需提示学生思考这一话题，作为向下一话题的过渡。） **资源：** 《圣诞节在中国流行真不可思议》 （Elizabeth Davnie，人民网，2004–12–25）

第一单元	教学活动 + 目标 + 资源
单元评估：试卷一	**重点评估：**试卷一写作（日记 / 博客 / 校刊文章） **建议评估：**个人口头活动 **目标：** 强化试卷一评估中的概念性理解 以身边人或事为细节，思考全球化中的本土化问题 反思自己对传统文化传承的责任 日记内容可简化，将文化传承问题和其他细节放入口头活动中讨论评估。

四 第二单元 习俗与传统：中国人怎么庆祝春节

第二单元围绕 IB 的第二大主题“经历体验”中的“习俗与传统”话题展开，以中国最重要的传统节日春节作为探究话题，安排学生在亲手准备庆祝春节活动所需的文化物品的过程中学习。由于中国地域辽阔，文化多样，在选择适合语言 B 学生的文化物品和活动时，有时会让教师们难以取舍。除了考虑学生的兴趣和技能外，选择适当的概念来引导学习内容的设计会达到事半功倍的效果。我们在语言学习中会碰到“形式—意义—功能 / 使用（Form-Meaning-Function / Use）”的概念，这里我们借用“形式和意义”作为组织本单元探究的概念。

● 第一步：确定单元主要评估方式

庆祝春节是学生们相当期待的一个活动。这一单元的教学可以安排学生分组（2–3 人 / 组），每组负责制作一种庆祝春节所需的文化物品。我们尝试过的物品包括农历、春节美食、春联、福字、春字、年画、门神、拜年歌、剪纸、走马灯等。

第一组：中国的农历（三种历法 —— 阴历、阳历、阴阳合历，生肖动物）

第二组：春节美食（饺子、年糕、春卷、元宵）

第三组：春联、福字、春字（中国书法及文字，红色）

第四组：年画、门神（美术）

第五组：春节音乐及歌曲（中国音乐，歌词）

第六组：剪纸（美术，红色，生肖动物）

第七组：走马灯 / 灯笼（物理，装饰）

第八组：灯谜（中国语言）

评估所针对的是 IB 个人口头活动，教学评估为小组口头报告。

小组口头报告

春节快到了，你的小组负责制作一种班级春节庆祝活动所需的文化物品。请准备小组口头报告，从形式 / 制作、历史 / 意义、使用 / 功能等方面介绍你们的文化物品。

根据具体情况，在小组口头报告之后，本单元也可再增加试卷一的写作评估。

● 第二步：确定单元框架蓝图

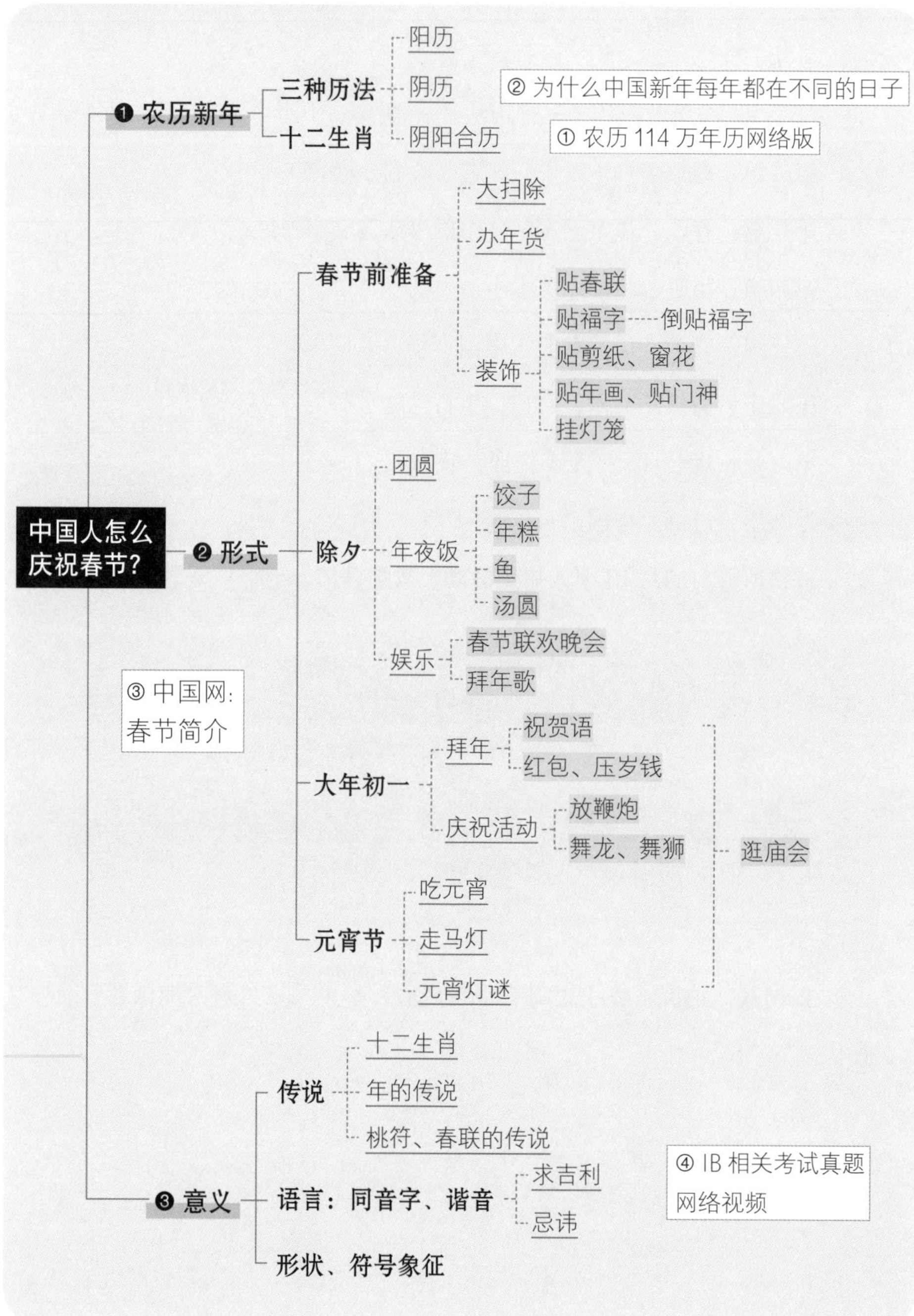

● 第三步：教学资源和教学活动的设计

有关春节的网络资源非常丰富，包括针对各种受众的视频和文字资源。IB 也数次以春节庆祝活动和传说作为阅读考试的文章。因此，在单元框架蓝图所提供的全景视角下，教师们较容易找到适合学生水平的教学资源和切入点。IB 阅读考试文章和考题既可以作为考核试卷，也可以作为背景资料和自测阅读理解的材料，教学活动的安排比较灵活。

下表列出主要课堂教学活动及其资源清单，供教师们参考。

第二单元	教学活动 + 目标 + 资源
第一小节	**春节是中国的农历新年** 三种历法：阳历、阴历、阴阳合历 为什么中国新年每年都在不同的日子? 农历的十二生肖 **目标：** 能用农历网查找阳历农历的对应及生肖 简要解释农历新年每年日期不同的原因 **资源：** ① 农历 114 万年历网络版（http://www.nongli114.com/rili/） ②《为什么中国新年每年都在不同的日子？》（http://jih.ism-online.org/，2018–02–15）
第二小节	**庆祝方式：中国人怎么过春节?** 春节前 除夕 大年初一 元宵节 （视频资料可用截屏图片方便学生学习） **目标：** 通过电影、歌曲、视频、图片、文字等媒体素材找出春节主要的庆祝活动

第二单元	教学活动 + 目标 + 资源
	资源： ①**《除夕｜故岁今宵尽，新年明日来》** **（有礼有节微杂志微信公众号）（见附录 4）** ② 视频：《快乐汉语》第一集远方来客、第三集包饺子 ③ 二更视频（原创短视频） ④ 电影：《人在囧途》 ⑤ 歌曲：《有钱没钱，回家过年》 ⑥《春节前为什么要彻底打扫卫生？》 （好生活社区微信公众号，2018–01–17） ⑦《最美年货节》（良仓微信公众号，2018–01–20）
第三小节	**制作春节传统习俗中的文化物品** 第一组：中国的农历（三种历法，生肖动物） 第二组：春节美食（饺子、年糕、春卷、元宵） 第三组：春联、福字、春字（书法，文字，红色） 第四组：年画、门神（美术） 第五组：春节音乐及歌曲（中国音乐，歌词） 第六组：剪纸（美术，红色，春字，生肖动物等） 第七组：走马灯 / 灯笼（物理、装饰） 学生在教师指导下上网搜索各小组文化物品的制作方法、使用方法、历史演变、内涵意义等方面内容，并亲手制作。 **目标：** 通过这一活动培养学生研究、解决问题的能力以及与他人协作的精神 亲手制作过年文化物品，加深文化理解 **资源：** ① 二更视频（原创短视频） ② YouTube 视频

第二单元	教学活动 + 目标 + 资源
第四小节	**庆祝的意义：为什么这样庆祝？有什么寓意？** 传说 语言：祝福语 / 谐音 / 同音字 形状 / 符号象征 **目标：** 通过阅读理解练习或考试，从以上三方面解释春节庆祝活动的意义 **资源：** IB 中文 B 阅读考卷真题： 2004 年 11 月 SL：春节传说 —— 过年 HL：灶王爷和玉帝 2006 年 5 月 HL：台式年糕 2006 年 11 月 SL：桃符和春联 2008 年 5 月 HL：台湾元宵节 2009 年 11 月 SL：春节的习俗 2012 年 5 月 HL：香港的农历新年
单元评估：小组口头报告	**口头报告：**介绍文化物品的形式 / 制作、历史 / 意义、使用 / 功能等 **目标：** 尝试从形式 / 制作、历史 / 意义、使用 / 功能等几方面介绍一种文化物品，其中形式和意义的联系为重点 反思文化物品与语法的相似性（形式和意义）

● 第四步：从真实语料到教学材料

本单元的一段真实语料为有礼有节微杂志微信公众号发的一篇原创文章。由于原文篇幅较长，有将近 1500 字，我们给学生的鹰架支持是划出文章重点。在利用小标题了解除夕主要庆祝活动之外，学生重点阅读蓝框圈出的部分，以理解一些庆祝方式的意义。

文章来源：有礼有节微杂志微信公众号

原文署名：礼节君

原文标题：除夕 | 故岁今宵尽，新年明日来

原文链接：https://mp.weixin.qq.com/s/CVKZyZ_oPzRQtPICnASf2Q

附件 4（P173）是经过修改加工的教学版课文。

五 第三单元　变化：春节习俗的变与不变

第三单元“变化：春节习俗的变与不变”是在学习了传统的春节庆祝活动，并且探究了它们的意义后，将学习重点转向变化这个概念。变化的概念与 TOK 知识框架中的“历史发展”紧密相关，是一个值得关注的话题。一方面变化不可避免，另一方面传统是一种非常强大的力量。无论学生们来自什么样的文化，传统与变化都是无法回避的话题。

> **“传统是一种强大的力量”。**
>
> Tradition is a very powerful force.
>
> By John P. Kotter

前一单元学习的是春节习俗的形式和意义，这一单元重点探究形式和意义会经历怎样的变化，这些变化是由哪些因素引起的，传统会不会消失，年轻人对传统的传承有什么责任。

我们为本单元设计的评估活动是模拟 IB 的校内评估，也就是个人口头活动。

● 第一步：确定单元主要评估方式

本单元的话题是“变化：春节习俗的变与不变”，我们希望通过春节习俗来探究传统的变化这个概念。单元教学评估活动如下：

模拟 IB 校内评估 —— 个人口头活动

请在老师提供的两张视觉启发材料中选择一张，做一个 3 分钟左右的口头表达。谈谈视觉启发材料所展示的春节庆祝方式和意义，并与老师就春节和其他相关话题进行一对一的讨论。

内部评估标准要求引入至少一个其他主题，而且学生的回答要有深度和广度。为此，我们引入抽象阶梯的概念，也就是说，引导学生学会从具体的春节习俗，逐渐将思考过渡到传统、文化传承、人际关系、变化等更为抽象的概念层次。

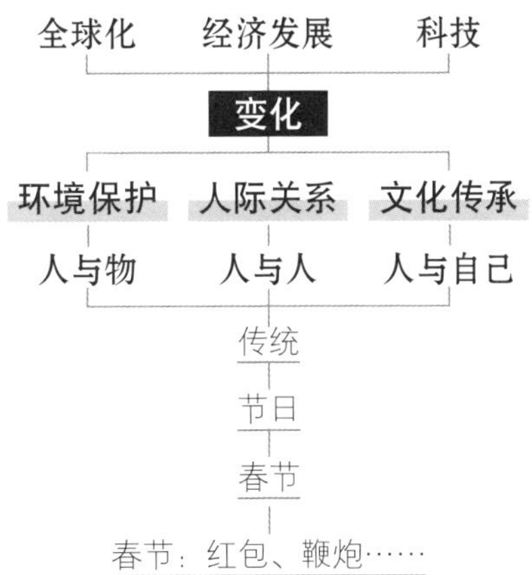

在上图所示的抽象阶梯中，底层最具体的是视觉启发材料上的春节红包和鞭炮等；上一个层次就是视觉启发材料上没有的春节其他习俗；再上一个层

次就是任何的节日，学生可以把春节和他们自己国家的传统节日进行比较；而节日是传统的一部分，在这一层次，可以探讨什么是传统、传统有什么特点、我们为什么需要传统。梁漱溟先生曾提到人在世上所面临的三大关系：人与物、人与人、人与内心的关系。春节燃放鞭炮会导致空气污染等环境问题，这是人与自然的关系；节日从来都具有强化家庭及人际关系的功能，这是人与人的关系；传统又是文化中相对稳定的核心部分，文化传承的责任与身份认同可以说是人与自己内心的关系。最上面一层就是这个单元的主要概念"变化"：变化有哪几种可能？形式和意义哪个更容易发生变化？哪些因素促使变化发生？个人口头活动只有 12–15 分钟，这一抽象阶梯的作用是引导学生不要只停留在最具体的底层，应该跨越到更抽象的层次，探讨更深刻的话题。

● 第二步：确定单元框架蓝图

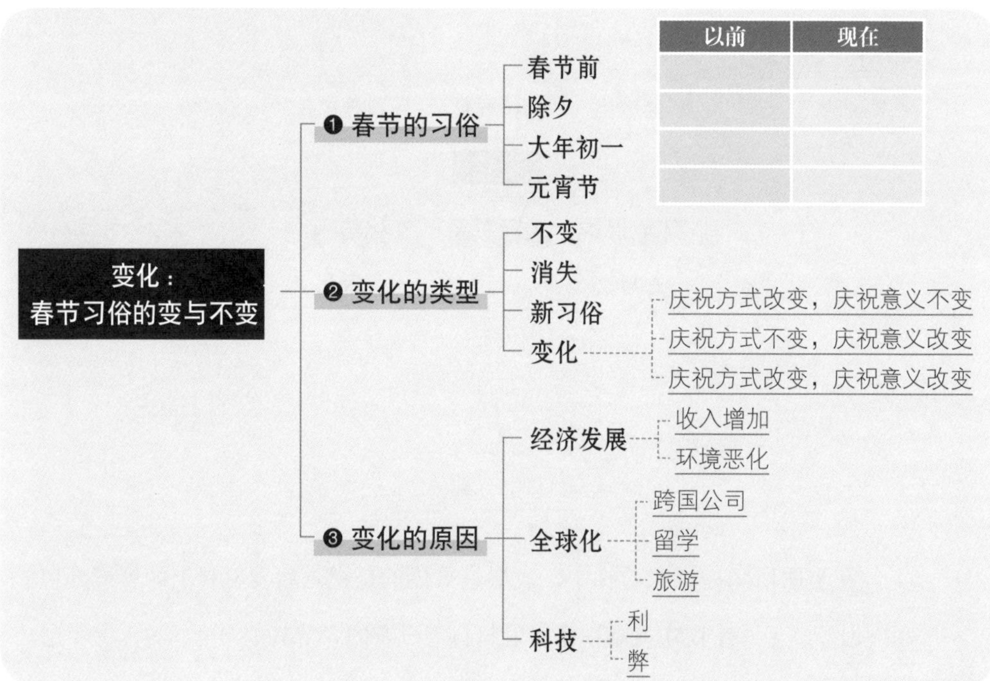

● 第三步：教学资源和教学活动的设计

本单元的重点是分析春节习俗的变化。主要有三个部分：第一部分，比较春节习俗的变化；第二部分，将春节各时间段的习俗变化分类；第三部分，分析引起这些变化的原因。这些教学活动的目的是为学生后面的单元评估做准备。

关于春节的内容是各类教科书和春节前后网络上的热点，可以用作教学的资源相当丰富。这一单元与第二单元的春节习俗的区别在于，第二单元关注的是"是什么""怎么做"以及"为什么这样做"，而第三单元的重点是这些习俗"有什么变化"以及"为什么有这些变化"。如果学生整体中文水平较低，教师可以制作一些课件，介绍以前的过年习俗；如果学生水平较高，或有高级课程的学生，则可以安排阅读一些相关文章。

下表的具体资源和课程安排供教师们参考。

第三单元	教学活动 + 目标 + 资源
第一小节	**春节的习俗有什么变化?** 现代春节习俗的变化 以前人们怎么过年：古代、民国时期 这一单元分享的资源中，有英文视频、中文信息图、照片配文字、国画配文字、动画配文字、教材课文、博客、散文等多种形式。有的内容更适合 HL 高级课程的学生，比如林语堂的《记旧历除夕》。但即使是林语堂的散文，普通课程的学生也可以从中受益，比如可以让 HL 和 SL 搭配学习，或者只要求 SL 学生理解与春节习俗有关的短语。 **目标：** 能够在阅读过程中区分信息对应的年代和庆祝活动的时间 从各种不同媒体中综合相关信息 **资源：** **春节习俗的变化：** ① Spring Festival the changed and the unchanged （中国网视频，2016）

<table>
<tr><th>第三单元</th><th>教学活动 + 目标 + 资源</th></tr>
<tr><td></td><td>②《“年”真的变了吗？》（新浪新闻信息图，2013）
③《加油！》第七课：过年
④《全国各地春节年俗的“变”与“不变”》（凤凰艺术，2016）
⑤《漫聊：春节里的变与不变》（中国经济网，2018）
⑥《历数春节的变与不变》（蔡正清，新浪博客，2016）
⑦《一张图，带你感受春运这些年的“变”与“不变”！》（新浪新闻中心，2018）
以前的春节习俗：
①《没春晚，古人怎么过新年？》（腾讯网，2018）
②《为什么以前的春节这么有意思？》（曾于里，新京报书评周刊，2018）
③《记旧历除夕》（林语堂）
④《民国时是如何过春节的？》（萧陶，搜狐博客，2017）</td></tr>
<tr><td>第二小节</td><td>春节习俗的变化有哪几类？
四大类：不变、消失、新习俗、有变化
习俗的变化：形式和意义，什么更容易变？什么更稳定？

目标：
将各种变化归类
从不同材料中提取相关信息，并按照概念综合整理
教师可以根据学生水平选择合适的文章供学生探究，也可以由学生选择自己感兴趣的文章。整个探究过程完成之后，除了可以帮助学生更深入地理解中国春节习俗，还能启发和培养学生进行 EE 研究的能力。

资源：
①《盘点网友眼中的年俗：变的是形式，不变的是内涵》（安阳网，2018）</td></tr>
</table>

第三单元	教学活动 + 目标 + 资源
	②《年俗在悄悄改变，年味却从未走远》(《劳动报》，2017) ③《浓浓年味弥漫西安各地，电子鞭炮成新宠》(新浪陕西，2018) ④《春节影像志：变化中的年货，不变的中国味》(央视网，2018) ⑤《大数据里的“中国年”新变化》(新华网，2018) ⑥《这是春节新的打开方式 —— 数说年俗四大变》(中青在线，2018) ⑦《一家老小都捧着手机，我们的“年味儿”丢了吗？》(新华网，2017)
第三小节	**文化传承：春节与 TOK 的连结** 本单元的概念是沿着时间的纵向变化，也就是文化传承的问题，因此很适合与 TOK 结合，探究记忆、情感、长辈等在传统文化传承中的作用以及年轻人的责任等话题。 **目标：** 使用 TOK 概念理解文化传承中的因素 反思自己对传统文化传承的责任 **资源：** **传统文化与 TOK** ①《记旧历除夕》(林语堂) ②《过年的仪式感》(二更视频) ③《织布机的声音》(二更视频) ④《火树银花》(二更视频) **文化传承的责任** ①《红包拿来》(二更视频) ②《成为国际性节日，春节还要走多少路》(《光明日报》，2017)

第三单元	教学活动 + 目标 + 资源
第四小节	**春节习俗的变化主要是由哪些原因引发的?** 这一部分不要求学生做深入研究，只需简单分析原因，能用自己的话表达即可。 **目标：** 思考引发春节习俗变化的原因
单元评估：口头交流	**模拟 IB 校内个人口头评估** **概念：抽象阶梯** **目标：** 能够有组织地描述视觉启发材料上与春节习俗相关的内容 从具体细节出发，以小见大，在不同抽象阶层交流沟通

六 第四单元 迁移与平等：农民工的春运

第四单元“迁移与平等：农民工的春运”探讨的是中国独特的春运现象，以及与这一现象相关联的农民外出打工、留守儿童、农村户口、社会公平、身份认同等问题。

农民外出打工是一种人口迁移，应用地理学科中的人口迁移推拉理论可以帮助学生分析春运和农民工现象。有人口迁移，就有歧视和身份认同的问题。对于这些复杂问题的分析方法，除了推拉理论以外，还可以借鉴可见思维流程中的“拔河（Tug of War）”流程和“可选项钻石（Options Diamond）”

流程。此外，对任何复杂问题都离不开“问题—后果—原因—解决”的分析流程。

除了常规的听力和阅读理解，我们为本单元设计了针对 IB 试卷一的写作任务，写作方式采用 WA 书面作业的方式。

● 第一步：确定单元主要评估方式

本单元的评估采用 WA 书面作业的形式。我们推荐了若干篇文章作为真实材料，教师可以根据学生的中文水平筛选 5–7 篇作为学生写作任务的素材。学生可以选择其中 3–4 篇详细阅读，并创作出自己的作品。

书面作业

请在老师提供的 5–7 篇原始材料中选择 3–4 篇文章作为你书面作业的素材。建议以原文中某一人物作为你写作的角色，在原文给定的情境下，就农民工春运、留守儿童、社会公平和身份认同等话题，选择适当的受众和文本类型完成自己的书面作业。注意：受众和文本类型须适合你所选定的角色和写作目的。

● 第二步：确定单元框架蓝图

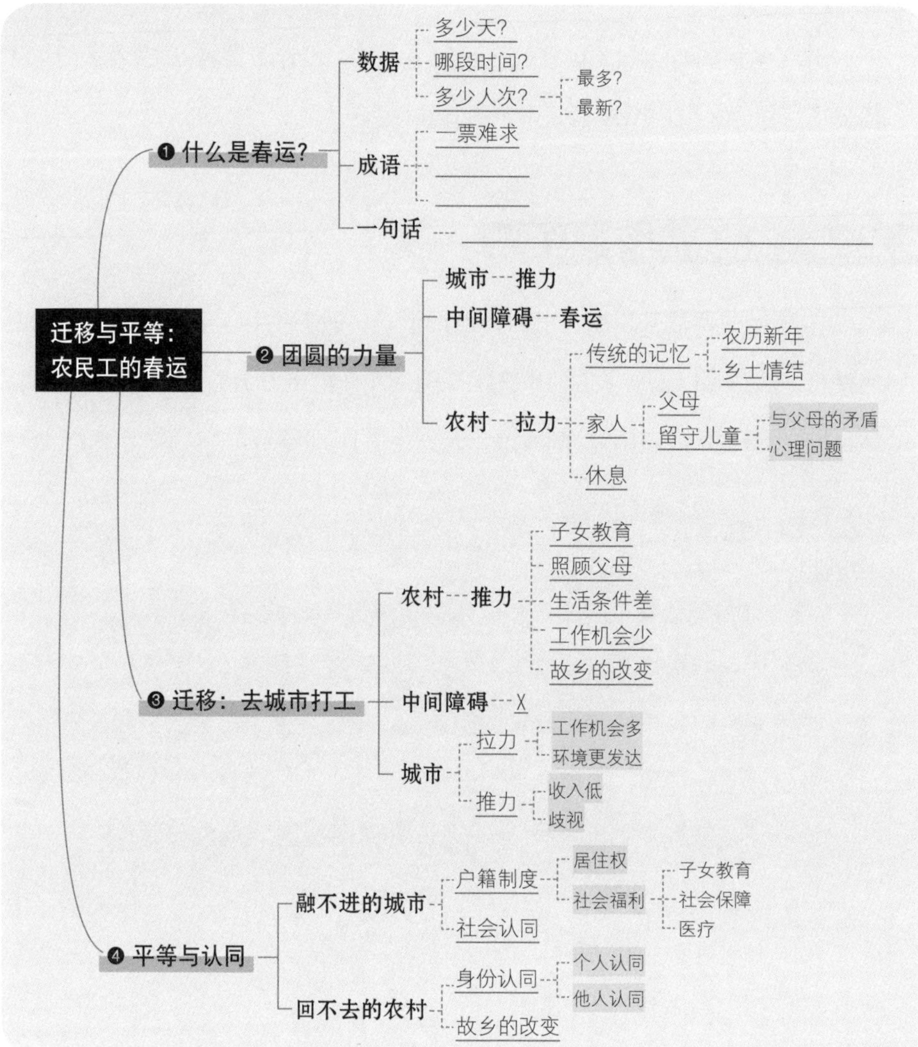

这个单元基本上要回答这几个问题：什么是春运？为什么一定要回家过年？为什么要去城市打工？为什么要把孩子留在农村？农民工能不能融入城市？

最后一个环节“平等与认同”较适合高级课程 HL 的学生，如能配合叶一剑《乡愁里的中国》学习，对学生了解中国传统的城乡二元体制以及城镇化过程中遇到的挑战是很有意义的。普通课程 SL 的学生在学习这个部分时可能需要教师设计更多的鹰架支持。

● 第三步：教学资源和教学活动的设计

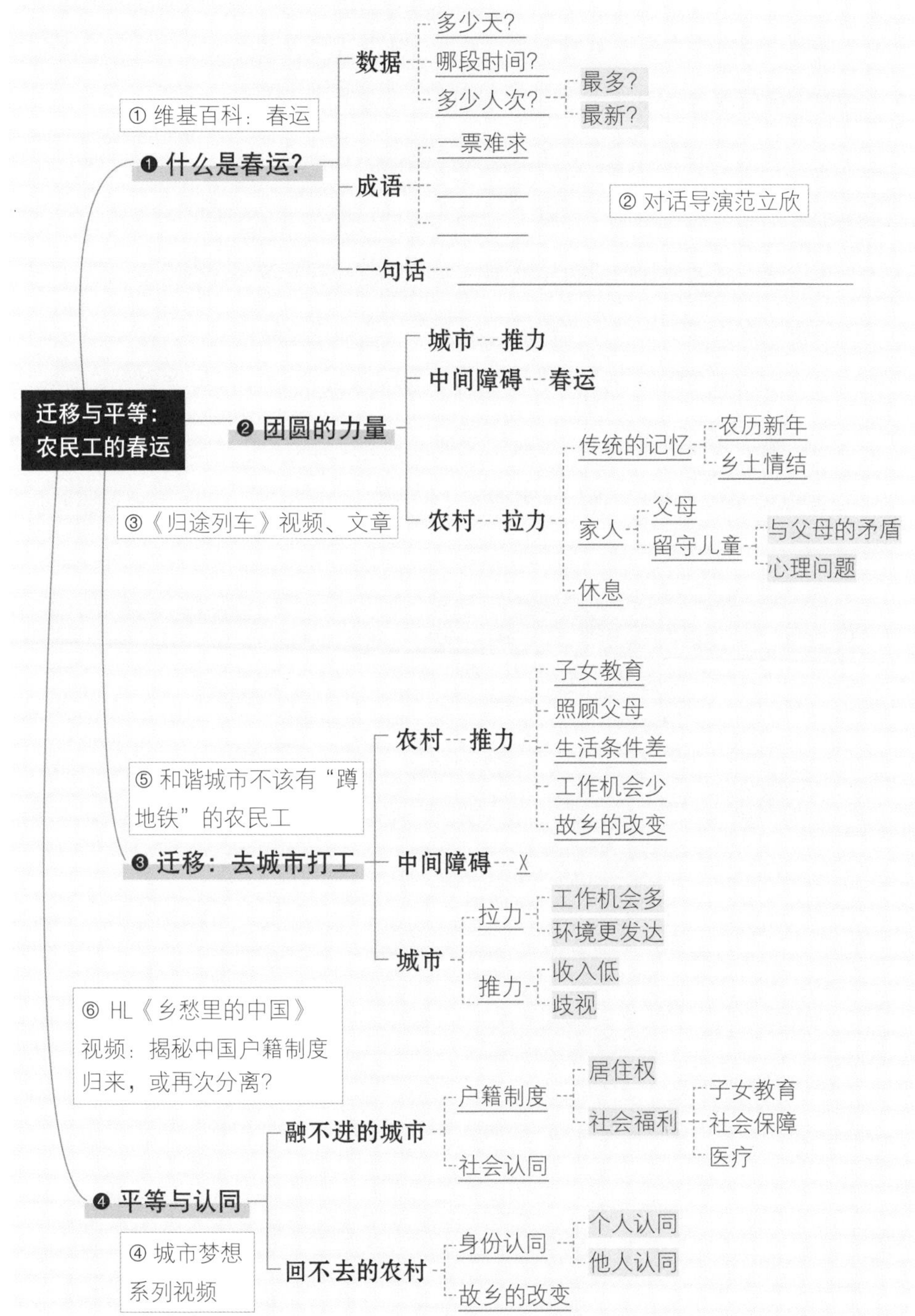

“迁移与平等”是一个非常有现实意义的话题。由农民工向城市迁移而引发的春运问题在近些年发生了很大的变化，技术的进步和经济的发展使得不少问题得以解决。但不可避免地，平等与身份认同这类更深层次的问题就会展现在人们面前。从某种意义上说，农民工向城市的迁移与包括中国人在内的不少发展中国家的人向欧美发达国家的迁移有很大的相似性。因此新大纲中“共享地球”和“身份认同”这两个主题与IB强调的国际情怀和全球背景的理念是相符的。如果教师们能引导学生在分析问题时不只做到就事论事，而且能高屋建瓴，就达到了概念性课程设计培养高阶思维能力的目的。

本单元选择了近些年中文媒体上发表的有关农民工的真实材料，其中值得一提的是各种视频和微信公众号文章。对于没有在华语地区直接生活经历的学生来说，视频材料对他们了解农民工的生活更为直观，有助于加深对该话题的理解。

第四单元	教学活动 + 目标 + 资源
第一小节	**什么是春运？** 用数据、成语和一句话总结什么是春运 数据和一句话：维基百科 三个成语：《对话导演范立欣：农民工是春运途中最大的弱势群体》第一部分（一票难求、人山人海、人头攒动） **目标：** 使学生对春运建立初步的了解 **资源：** ① 维基百科：春运 ②《对话导演范立欣：农民工是春运途中最大的弱势群体》（含视频）（澎湃新闻，2016-02-03）

第四单元	教学活动 + 目标 + 资源

第二小节

团圆的力量：农民工为什么一定要回家过年？

春运买票难：问题及解决办法

一年中唯一的长假

传统 + 记忆：过年习俗 —— 团圆

农民工：父母与子女留在家乡

留守儿童问题

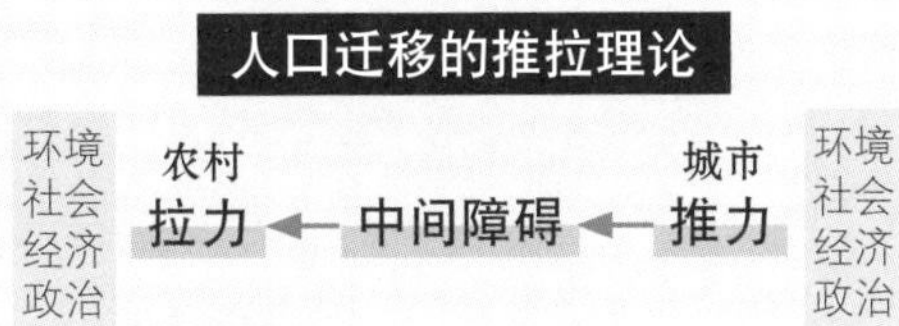

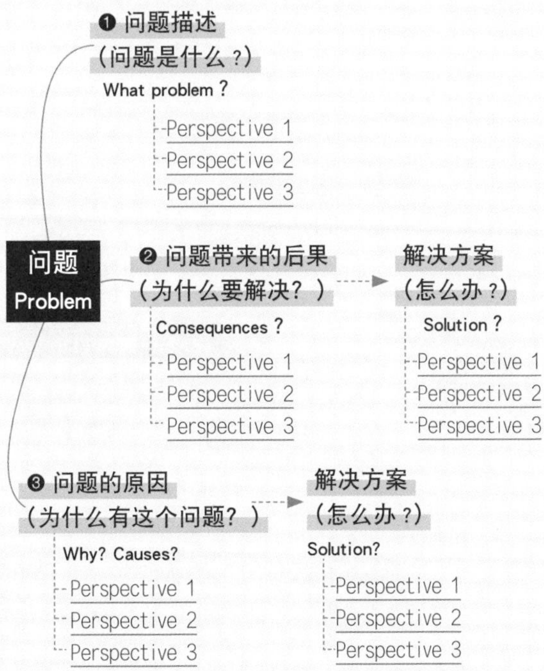

目标：

使用“推拉理论”模型研究农民工春运问题

抓住视频和文章关键词，找出春运一票难求的局面得到缓解的几个原因

第四单元	教学活动 + 目标 + 资源
	能从不同方面简单分析中国人为什么一定要回家过年 使用“问题一分析一解决”流程准备书面作业 **资源：** ① 视频《归途列车》（范立欣） ② 电影《人在囧途》 ③ 央视财经评论：《春运火车票今年不再一票难求？》（2018–01–03） ④ CCTV 聚焦三农：《坐上高铁回家过年》（2018–01–30） ⑤ 第一财经：《就近就业、自驾增多，春运人数下降已成大概率事件》（2018–02–22） ⑥“车享家”广告：《没抢到票也能回家，这位沪漂小伙有了奇招》（二更视频） ⑦《繁荣的代价：农民工留守儿童》（德国之声中文网，2013–07–15）
第三小节	**迁移：去城市打工** 家乡农村的问题 （快递小哥一家）在城市工作的好处 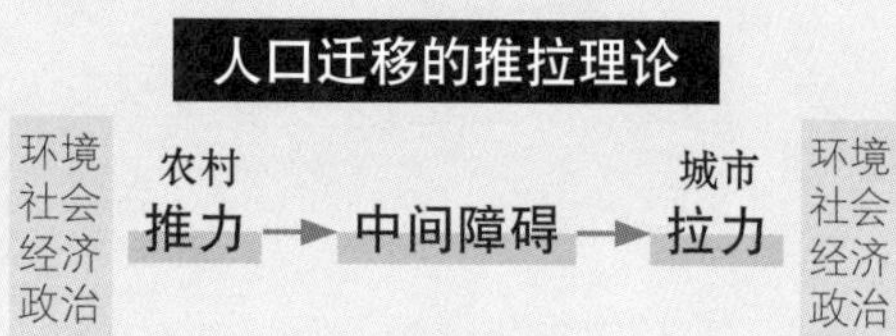 **目标：** 应用“推拉理论”分析农民工为什么迁移到城市 以视频实例说明去城市打工的好处 **资源：** ① 视频《归途列车》（范立欣） ② 央视《城市梦想》之《铁骑返乡》 ③ 央视《城市梦想》之《快递小哥》

第四单元	教学活动 + 目标 + 资源
第四小节	**平等与认同** 融不进的城市：收入、歧视 回不去的农村：农村及农民工的改变 解决办法：取消农村户口 HL：《乡愁里的中国》 **目标：** 用自己的话简单解释迁移带来的歧视及身份认同问题 思考"第三文化"家庭与农民工迁移的相似之处 使用"拔河""选项钻石"等思维流程分析两难的问题 **"拔河比赛"思维流程：** 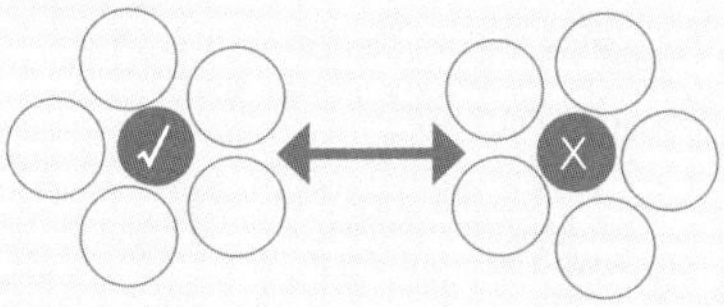 **"选项钻石"思维流程：** 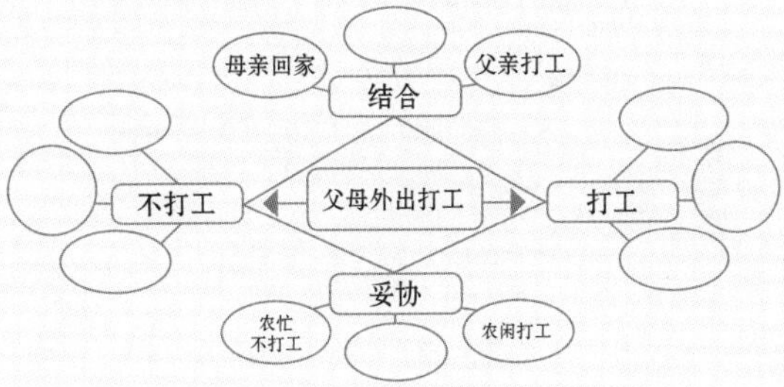 **资源：** ①《和谐城市不该有"蹲地铁"的农民工》（《现代快报》，2015-11-22） ② 央视《城市梦想》之《快递小哥》 ③ 央视《城市梦想》之《父亲》 ④ 中国春运纪录片《归途列车》之《主角回首十年：外出打工错了吗？》（《成都商报》，2016-02-01） ⑤《归来，或再一次分离？》（《成都商报》，2016-02-01） ⑥《好消息！30 个省份农村户口将全面取消！》（中国网，2018-03-26）

第四单元	教学活动 + 目标 + 资源
第五小节	学生根据对以上原始材料的理解和兴趣，选择 3–4 篇文章 / 视频，决定探究的问题，并应用各种图形工具帮助组织不同来源的信息。 单元框架蓝图 “问题—分析—解决”流程 “拔河比赛”思维流程 “选项钻石”思维流程
第六小节	**设计书面作业大纲** 整合选择原始材料，选取相关信息 设计书面作业 GRASP 拟定书面作业大纲 Outline 写作—修改—定稿 **资源：** GRASP 写作五大元素 Goal：目的 Role：角色 Audience：受众 Situation：情境 Product：文本类型

第三节　推荐案例 1—— 男女平等

一　设计框架

● 框架原则 A：与现实生活（家庭、学校、社会）紧密结合

IBDP 第二年的第一个学期，学生的思想也较第一年时更加成熟。因此，适合在第二年加入训练高阶思维的话题。2030 年联合国的 17 个可持续发展目标于 2016 年 1 月 1 日正式生效，其中第五个是“性别平等”。这是一个全球性问题，很多学校把 17 个可持续发展目标作为地理课和 CAS 学习的内容。而平等也是 IB 语言 B 规定性主题“共享地球”下的一个话题。选择“性别平等”作为教学话题与 IB 学生其他学科有紧密联系。

选定话题：男女平等

● 框架原则 B：以华人世界独特的经济文化现象为线索

男尊女卑、重男轻女是中国传统文化中一个影响力极大的观念，也是世界许多国家共有的情况。虽然现代社会男女平等已有很大的进步，但有关性别的传统观念依然根深蒂固，这一点在现代生活的方方面面都有体现。与性别相关的传统价值观是了解中国文化以及现代中国问题的一个重要方面。

选定话题：有关性别的传统观念

● 框架原则 C：确定单元大主题（Big Theme）内容框架图以及相关的 IB 主题下的话题（Topic）

•• C1：确定大主题

结合框架原则 A 和 B，我们很自然地就可以选定我们的主题“男女平等”。

选定大主题：男女平等

•• C2：画出大主题内容框架图

文献阅读

网络上有关男女平等或性别歧视这个大主题的文献相当丰富，而且涵盖传统观念习俗和现代婚恋、家庭、教育、职场、语言等不同领域。虽然在教学中不一定有时间覆盖所有内容，但教师们很有必要对该主题有全面了解，并据此建立内容框架图。

大主题内容框架图

男女平等是现代社会一个重要的全球性主题，尤其在中国这样一个传统文化不曾间断的国家，男尊女卑的观念在当今社会的各个方面仍然有巨大的影响。研究传统社会的性别歧视，对于语言习得课程来说，我们可以从 TOK 的角度探究语言如何塑造思维。英国语言学家 L.P. 帕尔默在他 1936 年出版的《语言学概论》中说：“语言忠实反映了一个民族的全部历史、文化，忠实反映了它的各种游戏和娱乐、各种信仰和偏见。”探究传统文化对女性的偏见，我们可以从汉字本身以及与性别相关的成语和俗语中一探究竟。另外，诗歌、传说、电影等文化物品也可以帮助我们更直观地体会这类偏见。现代中国社会在性别平等方面已经发生了巨大的变化，但什么才是真正的性别平等？我们离真正的男女平等还有多远？放眼世界，还有什么问题需要全球的共同努力？

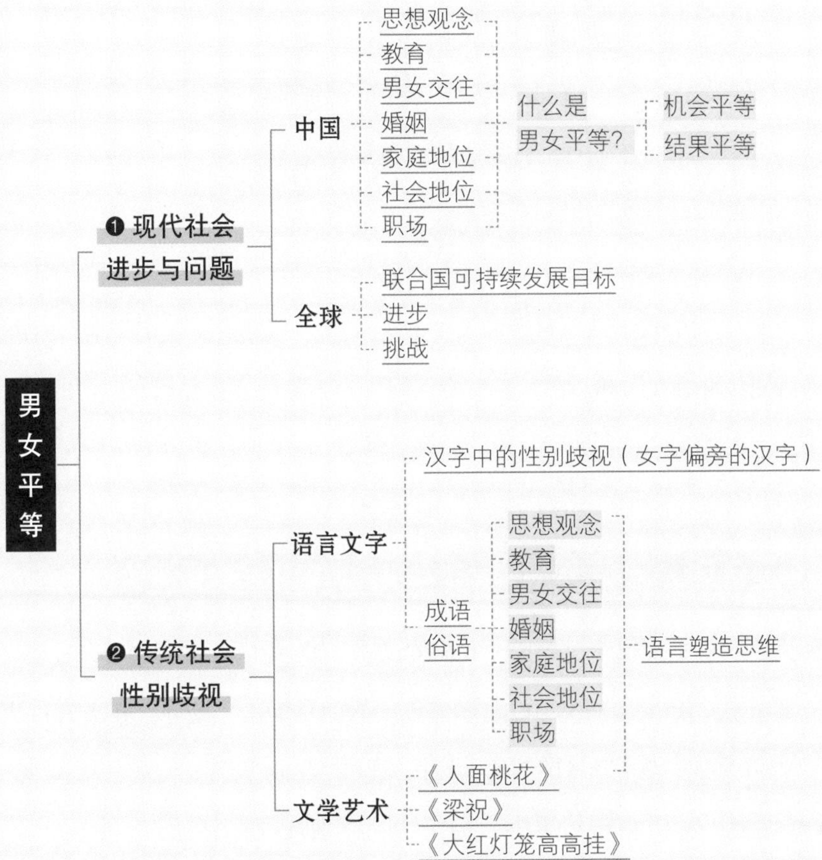

●● C3：参照 IB 主题确定教学单元话题

在上图的男女平等大主题内容框架下，我们需要设计符合 IB 主题和话题的教学单元。同时，还要考虑两类话题：第一类侧重培养学生的“记忆”“理解”“应用”等基本技能，第二类则适合培养学生的“分析”“评价”“创造”

等高阶技能。

根据 IB 大纲指定的内容，我们尝试从下面这些角度研究男女平等这个大主题：

话题一　语言塑造思维：语言中的性别歧视

话题二　传统价值观：文学艺术中的性别歧视

话题三　中国职场的性别平等：进步与挑战

话题四　什么是男女平等

话题五　全球性别平等：进步与挑战

以上五个教学话题直接涉及的 IB 主题有：主题一“身份认同”中的话题“信仰与价值观”和“语言与身份认同”，主题四“社会组织”中的话题“职场”，主题五“共享地球”中的话题“平等”。

● 框架原则 D：以概念统领整合主题单元的创作及教学活动

在男女平等这个主题中，我们尝试将 TOK 中的一些概念融合进来。在每个单元中，还可以加入与单元评估相关的学科概念。此外，在个人口头活动 IA 中培养高阶思维方式的抽象阶梯也值得尝试。

●● 话题一　语言塑造思维：语言中的性别歧视

语言塑造思维这个话题安排在第二学年，主要是考虑到学生们在经过一年的 IB 学习后，思想更为成熟，而且也建立了一些 TOK 的基本概念，其中之一就是语言与知识、思维及文化的关系。我们的第一个概念性理解就是语言塑造思维。这一概念可以从带女字偏旁的汉字，与女性地位相关的成语、熟语等方面探究语言文字与中国传统的男尊女卑的思维方式的关系。

概念一：语言塑造思维

●● 话题二　传统价值观：文学艺术中的性别歧视

在传统价值观这一话题中，学生通过文学艺术作品所提供的具体情境、人物、故事来探究中国传统社会对女性的歧视。这些资料所提供的是非常具体的人和事，因此从概念的高度，我们可以探究在阅读中如何区分事实（Fact）与观点（Opinion），在表达时如何用事实（Fact）或支持细节（Supporting Detail）来说明一个观点（Idea）。

概念二：事实与观点

●● 话题三　中国职场的性别平等：进步与挑战

由于学生没有直接的职场工作经验，通过数据、电影学习就成了适当的选择。因此，一个重要的技能就是如何从数据、现实生活的实例或文学艺术作品中提取、归纳和概括出自己的观点。此外，在教学过程中使用抽象阶梯也可以引导学生的思维从最具体的实例中上升到更为普遍的抽象层次。

概念三：归纳概括

概念四：抽象阶梯
概念的不同抽象程度（底层最具体）

●● 话题四　什么是男女平等

这一话题主要是澄清概念：公平、平等、机会平等、结果平等。这一概念可以迁移到别的领域，为学生分析其他类似问题提供概念工具。

概念五：平等与公平

机会平等 vs. 结果平等

什么是男女平等
- ❶ 机会平等——公平
- ❷ 结果平等——平等

●● 话题五　全球性别平等：进步与挑战

探究全球性别平等问题除了满足大纲要求之外，还有两层意义。首先，放在全球情境中比较中国两性平等的进展和挑战对这个话题更有意义；其次，IB 在其“教学与学习方法（ATL）”中明确要求“大学预科项目中有效的教学与学习方法应被置于全球背景当中，特别注意弘扬三大要素 —— 全球参与、多语能力和跨文化理解”。IB 认为国际情怀的教育“有赖于学习环境的开发，注重把整个世界当作最广阔的学习背景”。

概念六：全球背景

全球背景
- ❶ 全球参与
- ❷ 多语能力
- ❸ 跨文化理解

● 框架原则 E：根据 IB 评估标准进行教学评估活动设计

见右图。

男女平等

- ① IB 个人口头活动小组口头报告
- ❶ 语言塑造思维：语言中的性别歧视
  - 语言塑造思维 —— Lera Boroditsky
  - 汉字中的性别歧视 —— 女字偏旁
    - 褒义
    - 中性
    - 贬义
  - 成语、俗语中的性别歧视传统
    - 思想观念
    - 教育
    - 男女交往
    - 婚姻
    - 家庭地位
    - 社会地位
    - 职场
- ② IB 试卷一（电邮 / 博客 / 校刊文章）
- ❷ 传统价值观：文学艺术中的性别歧视
  - 人面桃花
    - 男女交往
    - 婚姻
  - 梁山伯与祝英台
    - 教育
    - 婚姻
  - 大红灯笼高高挂
    - 婚姻
    - 家庭地位
    - 职业
- ❸ 职场的性别平等：进步与挑战
  - 杜拉拉升职记
    - 职场
    - 性别平等
  - 今天的中国（用数据说话）
    - 进步
    - 挑战
    - 《中国社会中的女人和男人——事实和数据（2012）》国家统计局
- ③ IB 个人口头活动模拟校内评估 IA（电影截屏）
- ❹ 什么是男女平等
  - 机会平等 —— 公平 —— 性别平等悖论
  - 结果平等 —— 不平等偏爱
  - 共识 —— 严重的性别不平等现象应该消除
- ④ IB 个人口头活动小组讨论：共识
- ❺ 全球性别平等
  - 全球背景下的中国男女平等 ——《2017 年全球性别差距报告》
  - 全球性别平等
    - 进步 —— 原因
    - 挑战
      - 原因
      - 解决办法
    - 世界银行 2012：《性别平等对发展非常重要》
- ⑤ IB 试卷一 WA 书面作业

在前面这张“男女平等“大主题的内容和评估设计图中，我们根据 IB 新大纲的评估要求，安排设计了各话题单元的教学评估活动。

话题一　语言塑造思维：语言中的性别歧视	小组口头报告：语言中的性别歧视
话题二　传统价值观：文学艺术中的性别歧视	试卷一：写作（电邮 / 博客 / 校刊文章）
话题三　职场的性别平等：进步与挑战	个人口头活动：模拟校内评估 IA（抽象阶梯）
话题四　什么是男女平等	小组讨论：机会平等还是结果平等
话题五　全球性别平等	书面作业写作（整合大主题）

二　单元教学设计重点

下面的思维导图汇总了男女平等大主题下五个教学单元的概念、教学内容及评估活动。

1. 语言塑造思维：语言中的性别歧视

- ❶ 概念 — 语言塑造思维
- ❷ 教学内容
  - 语言如何塑造思维？
  - 女字偏旁的汉字如何影响对女性的认知？
  - 有关性别的成语俗语如何影响对女性的认知？
  - 汉语造词法、语法如何影响对女性的认知？
- ❸ 教学评估
  - IB 评估：个人口头活动 IA
  - 教学评估：小组口头报告
    - 请做一个口头报告，简单介绍语言如何塑造我们的思维，并以小组所选定的语言研究结果，说明中文如何影响人们对女性的认知。

2. 传统价值观：文学艺术中看性别歧视

- ❶ 概念 —— 事实与观点
- ❷ 教学内容
  - 男女交往中体现出什么样的性别歧视观念？
  - 传统观念在男女接受教育方面有何不同？
  - 传统婚姻选择安排中女性有什么话语权？
  - 女性在婚姻家庭中有怎样的地位？
- ❸ 教学评估
  - IB 评估：试卷一写作
  - 教学评估：写作

  最近你在学校中文课看了一部中国电影，从中了解到中国传统社会对女性的歧视。请从下面选择一种文体，谈谈这些中国传统观念以及传统如何影响现代人的价值观。请使用至少三个有关性别的成语。

---

3. 职场的性别平等：进步与挑战

- ❶ 概念
  - 归纳 / 概括
  - 抽象阶梯
- ❷ 教学内容
  - 今天的中国在男女平等方面有哪些进步？
  - 今天的中国男女平等了吗？
  - 传统的性别观念对实现男女平等造成什么挑战？
- ❸ 教学评估
  - IB 评估：个人口头活动
  - 教学评估：模拟校内评估 IA

  请在老师提供的两张视觉启发材料中选择一张，做一个 3 分钟左右的口头表达。谈谈视觉启发材料上所展示的与性别平等相关的内容，并使用提供的图表数据与老师讨论。

4. 什么是男女平等

- ❶ 概念
  - 平等与公平 Equality vs. Fairness
  - 机会平等与结果平等 Equality of Opportunity or Outcome
- ❷ 教学内容
  - 不平等和不公平，哪个才是问题？
  - 结果平等可行吗？
  - 为什么越平等的社会选择读理工科的女性越少？
- ❸ 教学评估 SL
  - IB 评估：个人口头活动
  - 教学评估：小组讨论
    - 阅读相关文章后，和小组成员讨论究竟什么是男女平等，平等和公平什么更重要。

5. 全球性别平等

- ❶ 概念
  - 全球背景 Global Context
  - 问题分析：问题—后果—原因—解决 Problem-Consequence-Cause-Solution
- ❷ 教学内容
  - 在全球大背景下，中国在哪些方面有巨大挑战？
  - 全球性别平等的问题哪些方面有进步？原因是什么？
  - 全球性别平等哪方面问题较大？原因是什么？
  - 联合国可以发挥什么作用？我们可以做什么？
- ❸ 教学评估
  - IB 评估：试卷一写作
  - 教学评估：WA 书面作业
    - 老师给学生提供 7-8 篇文章，涵盖该主题下的主要方面。要求学生在阅读这些文章的基础上，根据各自兴趣选择 3-4 篇文章，完成书面作业。

第四节　推荐案例 2——社会关系与变化

一　设计框架

● 框架原则 A：与现实生活（家庭、学校、社会）紧密结合

IB 学习的第二年，大多数学生已经开始在心理上为上大学后的独立生活做准备。他们将要离开熟悉的家人和朋友，独立面对新的环境，结识新的同学和朋友，建立新的社会关系。有关社会关系的基本概念，如群体和组织在 9–10 年级的 Social Studies 课程中有所涉及。此外，由于社交媒体的发展，虚拟社会关系已经成为这群"数字原生代"生活中不可缺少的一部分。与传统的面对面社会关系相比，虚拟社会关系究竟是拉近了还是疏远了人与人之间的距离？

选定话题：人与人之间的关系

● 框架原则 B：以华人世界独特的经济文化现象为线索

传统的华人社会十分重视人与人之间的和谐关系，个人的地位往往由其与家庭其他成员或所在集体的关系决定。这种集体主义的思维方式和人际关系明显区别于西方的个人主义思维习惯，而"Guanxi"甚至因此成为英文中的一个新词被收入词典。然而，支撑中国传统观念的社会环境近 40 年发生了巨大的变化，年轻一代开始逐步接纳个人主义的生活方式和价值观念。那么，哪些

因素是造成这些变化的主要原因？这些变化又会带来什么后果？我们应该怎么去看待这些变化？

选定话题：社会变化与社会关系

● 框架原则 C：确定单元大主题（Big Theme）内容框架图以及相关的 IB 主题下的话题（Topic）

●● C1: 确定大主题

结合框架原则 A 和 B，我们很自然地就可以选定我们的主题“社会关系与变化”。

选定大主题：社会关系与变化

●● C2: 画出大主题内容框架图

文献阅读

有关社会关系这个大主题的文献不难找到，其中有不少属于社会学领域，特别是有关中国传统社会关系特点的研究课题。中国经济高速发展使得人们的居住方式发生了巨大改变，而这一改变也使中国的社会关系发生了重大变化。近些年全球社交媒体的快速发展对社会关系的冲击引起了世界性的关注和研究。

大主题内容框架图

社会关系这一主题不论对 IB 学生今后走入社会，还是对了解中国社会都是十分重要的话题。事实上，探究个人主义和集体主义这两种截然不同的思维方式对培养 IB 所倡导的国际情怀有相当积极的意义。2010 年，加拿大不列颠哥伦比亚大学的人类学家约瑟夫·亨利奇在《行为与大脑科学》期刊上发表了一篇文章，他认为西方在此之前的大多数心理学实验对象都来自 WEIRD (western,

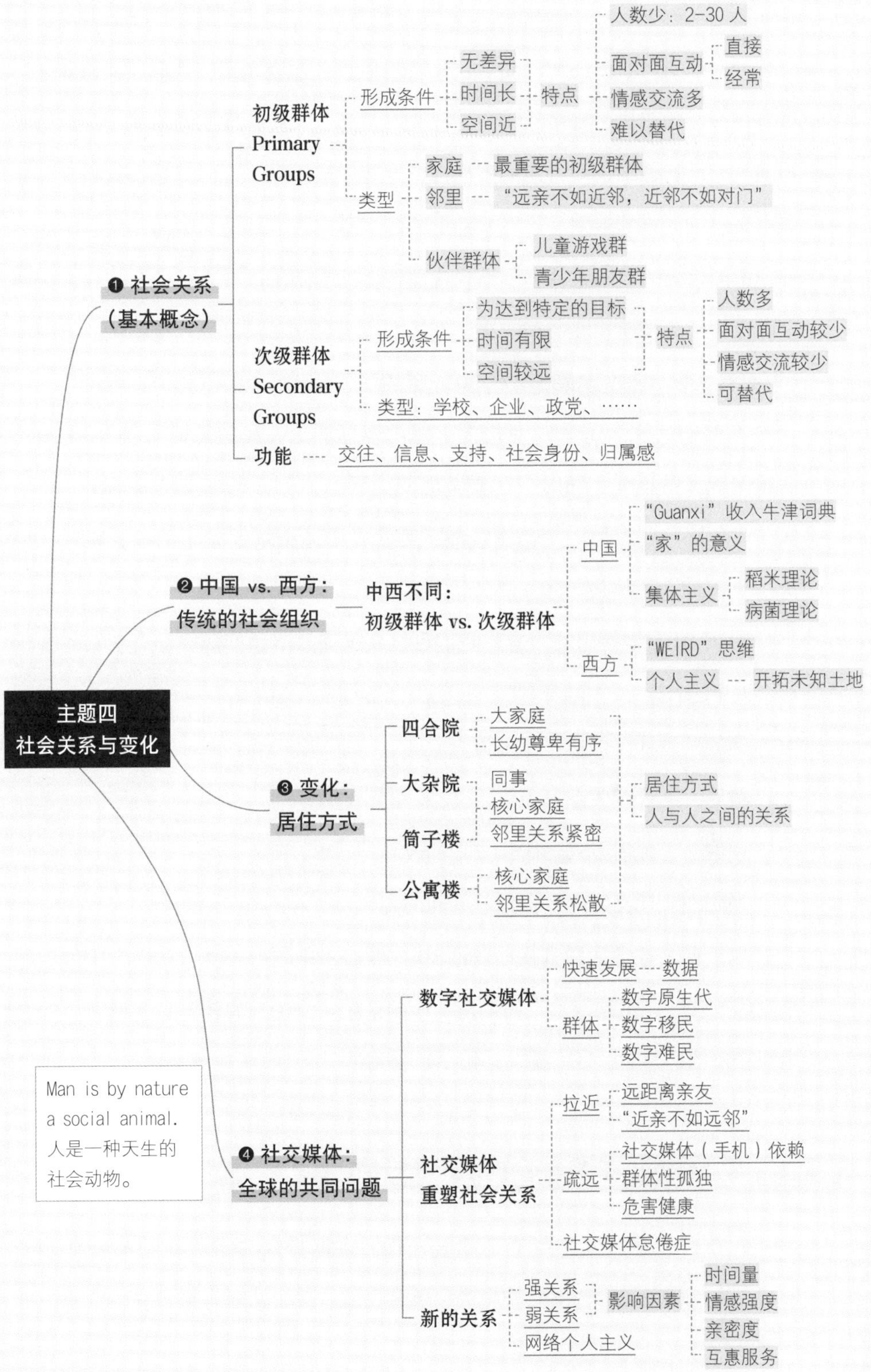
主题四
社会关系与变化
❶ 社会关系
（基本概念）
初级群体
Primary
Groups
形成条件
无差异
时间长
空间近
特点
人数少：2-30 人
面对面互动
直接
经常
情感交流多
难以替代
类型
家庭
最重要的初级群体
邻里
“远亲不如近邻，近邻不如对门”
伙伴群体
儿童游戏群
青少年朋友群
次级群体
Secondary
Groups
形成条件
为达到特定的目标
时间有限
空间较远
特点
人数多
面对面互动较少
情感交流较少
可替代
类型：学校、企业、政党、……
功能
交往、信息、支持、社会身份、归属感
❷ 中国 vs. 西方：
传统的社会组织
中西不同：
初级群体 vs. 次级群体
中国
“Guanxi”收入牛津词典
“家”的意义
集体主义
稻米理论
病菌理论
西方
“WEIRD”思维
个人主义
开拓未知土地
❸ 变化：
居住方式
四合院
大家庭
长幼尊卑有序
大杂院
同事
核心家庭
筒子楼
邻里关系紧密
公寓楼
核心家庭
邻里关系松散
居住方式
人与人之间的关系
❹ 社交媒体：
全球的共同问题
数字社交媒体
快速发展
数据
群体
数字原生代
数字移民
数字难民
社交媒体
重塑社会关系
拉近
远距离亲友
“近亲不如远邻”
疏远
社交媒体（手机）依赖
群体性孤独
危害健康
社交媒体怠倦症
新的关系
强关系
弱关系
网络个人主义
影响因素
时间量
情感强度
亲密度
互惠服务
Man is by nature
a social animal.
人是一种天生的
社会动物。

educated, industrialised, rich and democratic) 社会，也就是说，他们“来自西方、教育良好、工业化、富裕、民主的社会”。那么，实验样本的不平衡导致结果不能全面反映思维认知方式的多样性，这其中最引人注目的就是个人主义与集体主义思维方式的差别。这一差别反映的正是东西方社会关系的不同。除此之外，中国传统的“熟人社会”模式在新情境下受到了挑战，其中影响巨大的两个因素为经济快速发展带来的居住方式的改变和互联网以及社交媒体的出现。

●● C3: 参照 IB 主题确定教学单元话题

在前图的社会关系及变化大主题内容框架下，我们需要参考 IB 主题和话题组织教学单元。同时，还要考虑两类话题：第一类侧重培养学生的“记忆”“理解”“应用”等基本技能，第二类则适合培养学生的“分析”“评价”“创造”等高阶技能。

根据 IB 大纲指定的内容，我们可以从下面这些角度研究社会关系与变化这个大主题：

话题一　社区群体：基本概念

话题二　社会关系：个人主义 vs. 集体主义

话题三　生活方式：居住方式的改变

话题四　社交媒体：全球的共同问题

以上四个教学话题直接涉及的 IB 主题有：主题一“身份认同”中的话题“生活方式”；主题三“发明创造”中的话题“交流与媒体”；主题四“社会组织”中的话题“社区 / 群体”和“社会关系”。

● 框架原则 D：以概念统领整合主题单元的创作及教学活动

在社会关系与变化这个主题中，我们尝试将社会学研究以及心理学等 IB“个人与社会”学科中的一些概念融合进来。这个话题有很多双语资源，可以在阅读英文原文资料的基础上展开中文内容的教学。在每个单元中，还可以加入与单元评估相关的学科概念。此外，在个人口头活动 IA 中培养高阶思维方式的抽象阶梯也值得尝试。

●● 话题一　社区群体：基本概念

这一单元可以先用英文复习 Social Studies 课程中关于 Groups and Organization 话题的相关内容，目的是重温初级群体与次级群体这两个以面对面社会交往紧密程度为主要特征来区分的概念。除此之外，具体教学活动可以训练学生以自身经验或电影小说说明概念的技能。

概念一：初级群体 vs. 次级群体

概念二：事实 / 细节 vs. 概念

●● 话题二　社会关系：个人主义 vs. 集体主义

东西方思维方式在社会关系层面表现出明显的区别。这一单元就以个人主义和集体主义作为探究的重要概念，并通过阅读中英双语研究资料理解产生这两种不同思维方式的原因。这其中与中国直接相关的是美国弗吉尼亚大学的托马斯·塔尔海姆（Thomas Talhelm）与北京师范大学心理学院张学民教授等人于 2014 年 5 月 9 日在《科学》上合作发表的“稻米理论”，该理论以实证研究的手法揭示了农作物种植方式可能对中国南北方思维方式的影响。而普遍盛行个人主义的西方恰巧都不是稻米种植区；种植稻米的国家大多是偏向集体主义的国家。

概念三：个人主义与集体主义

概念四：稻米理论

•• 话题三　生活方式：居住方式的改变

第三个话题探究居住方式，特别是建筑式样的改变如何影响人与人之间的关系，这包括家庭成员之间以及邻里之间的关系。从传统的大家庭式居住方式，到不同家庭混居的大杂院、同事共享的单位筒子楼，以及现在的商品公寓楼，随着居住条件的改善，人与人之间的关系也发生了极大的变化。

由于居住方式非常具体、与真实生活紧密相连，因此适合作为个人口头活动的视觉启发材料。那么，抽象阶梯的概念可以帮助学生在描述视觉启发材料之外，与其他相关的、更抽象的、高阶思维话题产生联系。

概念五：概念性理解

居住方式影响社会关系

概念六：抽象阶梯

概念的不同抽象程度（底层最具体）

•• 话题四　社交媒体：全球的共同问题

社交媒体的出现对传统的社会关系形成了挑战，并且重塑了人与人之间的社会关系。这种新的社会关系可以用“网络个人主义（Networked Individualism）”来描述，也可以用“强关系 vs. 弱关系”来解释。我们需要的究竟是高效的社交工具还是真正的交往？

概念七：概念性理解

社交媒体重塑社会关系

网络个人主义

强关系、弱关系

● 框架原则 E：根据 IB 评估标准进行教学评估活动设计

在下面这张“社会关系与变化”大主题的内容和评估设计图中，我们根据 IB 新大纲的评估要求，安排设计了各话题单元的教学评估活动。

主题四 社会关系与变化

- **❶ 社会关系（基本概念）**
  - **初级群体 Primary Groups**
    - 形成条件
      - 无差异
      - 时间长
      - 空间近
      - 特点
        - 人数少：2-30 人
        - 面对面互动
          - 直接
          - 经常
        - 情感交流多
        - 难以替代
    - 类型
      - 家庭 —— 最重要的初级群体
      - 邻里 —— “远亲不如近邻，近邻不如对门”
      - 伙伴群体
        - 儿童游戏群
        - 青少年朋友群
  - **次级群体 Secondary Groups**
    - 形成条件
      - 为达到特定的目标
      - 时间有限
      - 空间较远
      - 特点
        - 人数多
        - 面对面互动较少
        - 情感交流较少
        - 可替代
    - 类型：学校、企业、政党、……
  - **功能** —— 交往、信息、支持、社会身份、归属感

> ① 小组讨论：用例子说明初级群体、次级群体的概念，并讨论群体的功能。

> ② 试卷一写作
> 最近发生的一件事（读了一篇文章／看了一个电影／看到身边发生的事）引发你对不同文化人们思维方式的巨大差别的思考。请根据你的写作目的，选择适当的文体，谈谈这件事的发生经过以及你对个人主义和集体主义这两种社会关系模式的看法。

- **❷ 中国 vs. 西方：传统的社会组织**
  - **中西不同：初级群体 vs. 次级群体**
    - 中国
      - “Guanxi” 收入牛津词典
      - “家” 的意义
      - 集体主义
        - 稻米理论
        - 病菌理论
    - 西方
      - “WEIRD” 思维
      - 个人主义 —— 开拓未知土地

- **❸ 变化：居住方式**
  - **四合院**
    - 大家庭
    - 长幼尊卑有序
  - **大杂院**
  - **筒子楼**
    - 同事
    - 核心家庭
    - 邻里关系紧密
  - **公寓楼**
    - 核心家庭
    - 邻里关系松散
  - 居住方式
  - 人与人之间的关系

> ③ IB 评估：
> 个人口头活动模拟
> 校内评估 IA

- **❹ 社交媒体：全球的共同问题**
  - **数字社交媒体**
    - 快速发展 —— 数据
    - 群体
      - 数字原生代
      - 数字移民
      - 数字难民
  - **社交媒体重塑社会关系**
    - 拉近
      - 远距离亲友
      - “近亲不如远邻”
    - 疏远
      - 社交媒体（手机）依赖
      - 群体性孤独
      - 危害健康
    - 社交媒体怠倦症
  - **新的关系**
    - 强关系
    - 弱关系
      - 影响因素
        - 时间量
        - 情感强度
        - 亲密度
        - 互惠服务
    - 网络个人主义

> Man is by nature a social animal.
> 人是一种天生的社会动物。

> ④ 互动讨论：社交媒体拉近了还是疏远了人与人之间的关系？

教学评估活动：

话题一　社区群体：基本概念	小组讨论：初级群体、次级群体、群体功能
话题二　社会关系：个人主义 vs. 集体主义	试卷一写作（电邮 / 博客 / 校刊文章）：中西思维的差别
话题三　生活方式：居住方式的改变	个人口头活动：模拟校内评估 IA（抽象阶梯）
话题四　社交媒体：全球的共同问题	互动讨论：社交媒体拉近了还是疏远了人与人之间的关系？

二　单元教学设计重点

下面的思维导图汇总了社会关系与变化大主题下五个教学单元的概念、教学内容及评估活动。

1. 社区群体：基本概念

- ❶ 概念
  - 初级群体 vs. 次级群体 Primary vs. Secondary Groups
  - 具体事实 / 细节 vs. 概念 Facts / Details vs. Concepts
- ❷ 教学内容
  - 什么是初级群体？什么是次级群体？
  - 如何区分初级与次级群体？
  - 人为什么需要群体？
  - 你身边有这两类群体吗？为什么？
  - 你看过的电影、文学作品中有这两类群体吗？
- ❸ 教学评估
  - IB 评估：个人口头活动 IA
  - 教学评估：小组讨论
    - 用身边实例或电影、文学作品的例子说明初级群体、次级群体的概念，并讨论群体的功能。

2. 社会关系：个人主义 vs. 集体主义

- ❶ 概念
  - 个人主义与集体主义 Individualism vs. Collectivism
  - 稻米理论 Rice Theory
- ❷ 教学内容
  - 东西方思维究竟有多不一样？How East and West think in profoundly different ways?
  - 个人主义和集体主义的思维方式有什么区别？
  - 哪些因素可能影响了人们关于社会关系的思维习惯？
  - 种植稻米和种植小麦与人们关于社会关系的思维有关吗？
  - 汉语和英文的语法会影响我们看待社会关系的方式吗？
- ❸ 教学评估
  - IB 评估：试卷一写作
  - 教学评估：写作

最近发生的一件事（读了一篇文章、看了一个电影、看到身边发生的事）引发你对不同文化人们思维方式的巨大差别的思考。请根据你的写作目的，选择适当的文体，谈谈这件事的发生经过以及你对个人主义和集体主义这两种社会关系模式的看法。

3. 生活方式：居住方式的改变

❶ 概念
- 居住方式影响社会关系 Architecture affects social relationship
- 抽象阶梯 Abstraction Ladder

❷ 教学内容
- 传统的四合院建筑怎样体现长幼尊卑的秩序？
- 大杂院和筒子楼中有怎样的邻里关系？
- 现代公寓式住宅对传统的大家庭和邻里关系有什么冲击？
- 社交媒体对公寓式住宅的邻里关系能产生什么影响？

❸ 教学评估
- IB 评估：个人口头活动
- 教学评估：模拟校内评估 IA

请在老师提供的两张视觉启发材料中选择一张，做一个 3 分钟左右的口头表达。谈谈视觉启发材料上所展示的与社会关系及变化相关的内容，并与老师讨论。

4. 社交媒体：全球的共同问题

❶ 概念
- 社交媒体重塑社会关系 Social media reshapes social relationship
- 网络个人主义 Networked individualism
- 强关系与弱关系 Strong ties vs. Weak ties

❷ 教学内容
- 数据：数字社交媒体的快速发展
- 什么是数字原生代、数字移民和数字难民？
- 数字社交媒体怎样改变家庭成员之间的关系？
- 弱关系的价值：近亲不如远邻？
- 什么是网络个人主义？
- 挑战：社交媒体依赖、群体性孤独感、对健康的危害
- 社交媒体怠倦症：我们究竟需要什么样的社交？

❸ 教学评估 SL
- IB 评估：个人口头活动
- 教学评估：小组讨论

阅读相关文章后，全班互动讨论：社交媒体拉近了还是疏远了人与人之间的关系？

第五节 推荐案例 3—— 网络暴力

一 设计框架

● 框架原则 A：与现实生活（家庭、学校、社会）紧密结合

随着网络和社交媒体的日益普及，中小学已经成为网络暴力的重灾区。几乎每所学校都有不同程度的网络霸凌事件发生，媒体上还经常看到各国中学生因网络暴力而自杀的报道。教育学生如何在社交媒体上保护自己，不做网络暴力的同谋，已经是学校必须面对的课题。

选定话题：网络暴力

● 框架原则 B：以华人世界独特的经济文化现象为线索

传统的华人文化强调集体主义观念和与此相适应的较强的个人道德意识，因而华人世界长期有"以德治国"的传统。与重视个人主义的西方相比，华人社会隐私意识相对薄弱。这些文化上的特点在数字时代产生了"人肉搜索"这一华人社会较为独特的现象。在前一主题社会关系和变化中，已经建立了集体主义和个人主义这两个概念，本主题则进一步探究这两种思维方式在虚拟网络和社交媒体时代的不同表现形式和影响。这对强化学生的国际情怀意识有所助益。

选定话题：传统文化与网络暴力

● 框架原则 C：确定单元大主题（Big Theme）内容框架图以及相关的 IB 主题下的话题（Topic）

●● C1: 确定大主题

结合框架原则 A 和 B，我们选定大主题“网络暴力”。

●● C2: 画出大主题内容框架图

文献阅读

有关华人世界和不同国家网络暴力这个大主题的新闻报道和研究论文比比皆是，其中有不少属于大众传播学领域的研究。这些研究论文内容虽不算艰深，但文章篇幅过长，一些学习高级课程的学生可以根据情况使用。但对教师来说，研究论文主要可以提供话题探究的大方向，个别论文节选可以作为学生的阅读材料。新闻报道和分析以及众多的影视资料非常适合普通课程的教学。

大主题内容框架图

网络暴力是一个全球共同面临的问题，对这一问题的探究可以从不同角度，遵循右侧上图这一流程：问题描述—后果—原因—针对后果和原因的解决方法。

我们可以把文献阅读的重点内容按照上面的分析流程归纳整理为右侧下图的框架图。

●● C3: 参照 IB 主题确定教学单元话题

在右下图的网络暴力大主题内容框架下，我们需要参考 IB 主题和话题组织教学单元。同时，还要考虑两类话题：第一类侧重培养学生的“记忆”“理解”“应用”等基本技能，第二类则适合培养学生的“分析”“评价”“创造”等高阶技能。

根据 IB 大纲指定的内容，我们可以从下面这些角度研究网络暴力这个大主题：

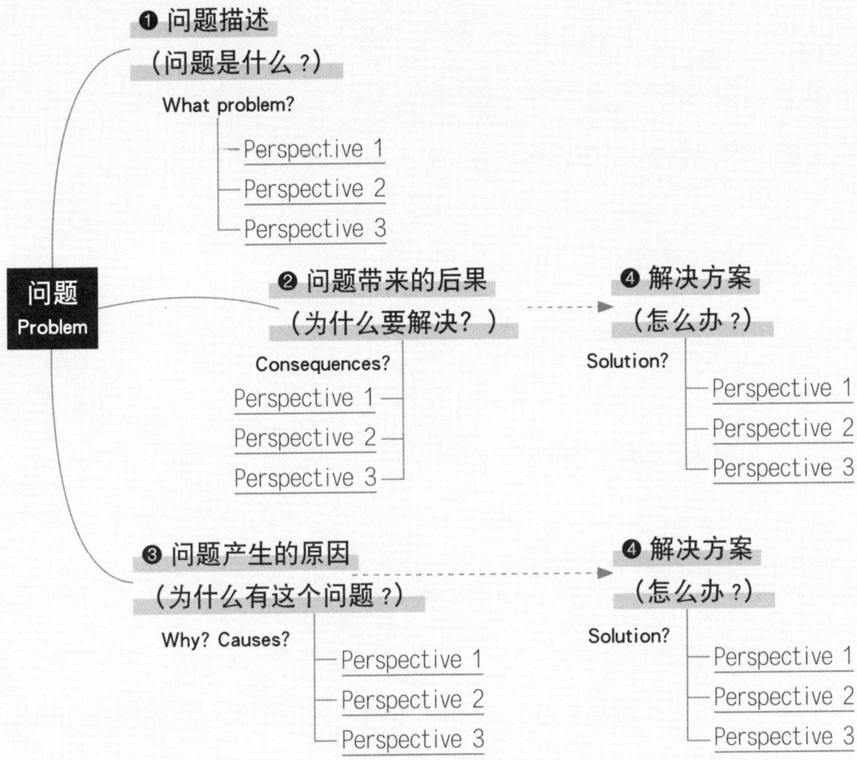
问题
Problem
❶ 问题描述
（问题是什么？）
What problem?
Perspective 1
Perspective 2
Perspective 3
❷ 问题带来的后果
（为什么要解决？）
Consequences?
Perspective 1
Perspective 2
Perspective 3
❹ 解决方案
（怎么办？）
Solution?
Perspective 1
Perspective 2
Perspective 3
❸ 问题产生的原因
（为什么有这个问题？）
Why? Causes?
Perspective 1
Perspective 2
Perspective 3
❹ 解决方案
（怎么办？）
Solution?
Perspective 1
Perspective 2
Perspective 3

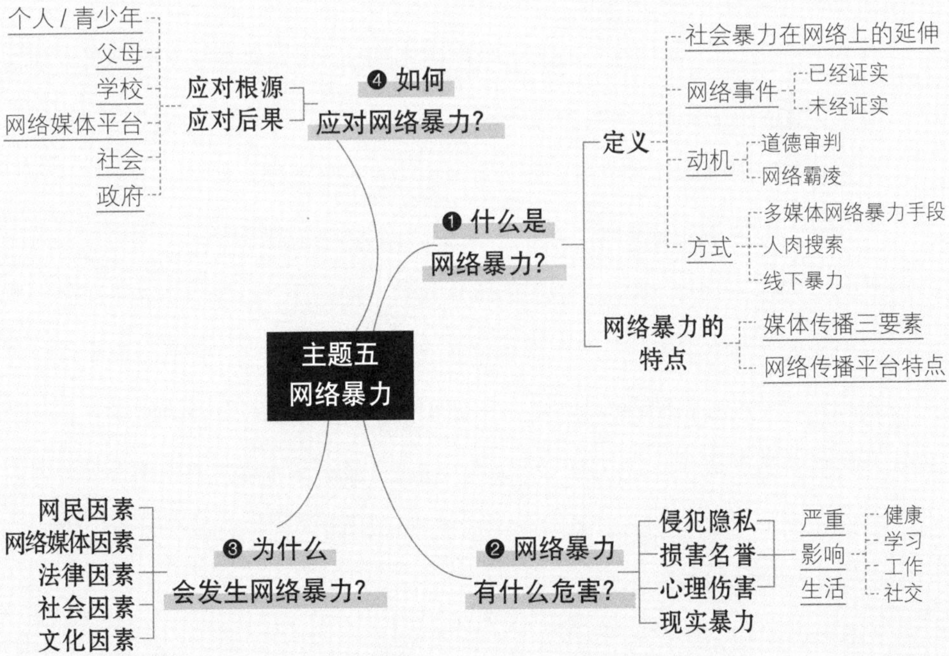
主题五
网络暴力
❶ 什么是
网络暴力？
定义
社会暴力在网络上的延伸
网络事件
已经证实
未经证实
动机
道德审判
网络霸凌
方式
多媒体网络暴力手段
人肉搜索
线下暴力
网络暴力的
特点
媒体传播三要素
网络传播平台特点
❷ 网络暴力
有什么危害？
侵犯隐私
损害名誉
心理伤害
现实暴力
严重
影响
生活
健康
学习
工作
社交
❸ 为什么
会发生网络暴力？
网民因素
网络媒体因素
法律因素
社会因素
文化因素
❹ 如何
应对网络暴力？
应对根源
应对后果
个人 / 青少年
父母
学校
网络媒体平台
社会
政府

话题一　媒体与暴力：什么是网络暴力？

话题二　健康与幸福：网络暴力有什么危害？

话题三　伦理与道德：为什么人肉搜索在华人社会盛行？

话题四　法律与秩序：如何用法律制止网络暴力？

以上四个教学话题直接涉及的 IB 主题有：主题一“身份认同”中的话题“健康与幸福”、主题三“发明创造”中的话题“交流与媒体”、主题四“社会组织”中的话题“法律与秩序”、主题五“共享地球”中的话题“伦理道德”。

● 框架原则 D：以概念统领整合主题单元的创作及教学活动

探究网络暴力这个主题，可以借鉴传播学中的一些概念，还可以加入与单元评估相关的学科概念和对个人口头活动 IA 很有帮助的抽象阶梯概念。

●● 话题一　媒体与暴力：什么是网络暴力？

引入传播学的一些基本概念有助于深入了解和分析网络暴力这个主题。传播学中有不同的传播理论，但传播至少要有三个要素 —— 信源（Sender）、讯息（Message）和信宿（Audience），用通俗的语言来讲就是发送者（传播者）、讯息和接受者。与传统媒体的“一对一”和“一对多”的传播方式相比，“多对多”的网络媒体传播方式具有开放、自由、互动、匿名、虚拟等特点，不仅易使青少年沉溺其中，更带来相当负面的影响。青少年一方面对网络有天然的亲近感，但另一方面，他们的媒介素养（批判性思维能力）尚不成熟，不仅容易成为网络霸凌的受害者，更可能成为直接的参与者。此外，在华人世界还存在着一种独特的网络暴力 —— 人肉搜索。这种网络暴力的形成有着典型的传播学研究意义。其中涉及的传播学理论、概念和术语主要用来帮助教师们组织中文 B 的课程设计，指导学习材料选取，而是否作为教学材料，需要根据学生的兴趣和语言能力来决定。

概念一：传播三要素

概念二：网络社交媒体传播

· 多对多传播

· 网络媒体传播特点

· 网络霸凌

· 人肉搜索

●● 话题二　健康与幸福：网络暴力有什么危害？

世界卫生组织对健康的定义是“身体上、精神上和社会适应上的完好状态，而不仅仅是没有疾病或者不虚弱”（1948）。“网络暴力有什么危害？”这个话题就可以按照健康的概念，从身体、精神和社会适应三个方面来探究。

概念三：健康的定义

身体、精神、社会适应

●● 话题三　伦理与道德：为什么人肉搜索在华人社会盛行？

这一话题下首先要引入的概念就是因果分析。具体来说，本单元要分析的是导致华人社会盛行人肉搜索的原因，我们通过文献阅读总结了网民、网络媒体、法律、社会与文化这五个方面的原因。这里的概念是“从不同方面分析原因”。

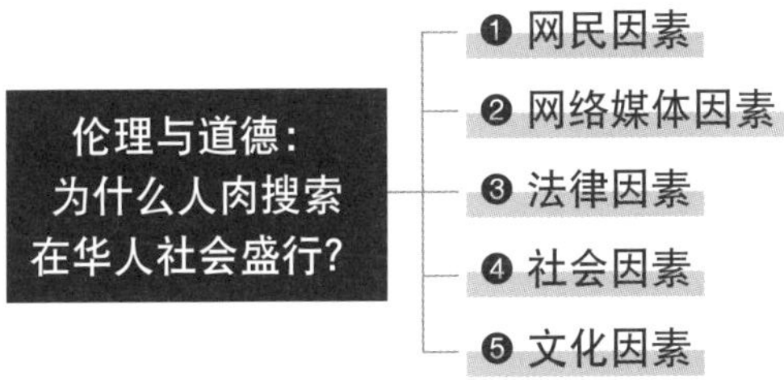

如果我们进一步分析这几个方面的原因，就会发现这其中传统儒家伦理道德观深刻地影响了其他四个方面。这也是我们选定 IB 的“伦理和道德”作为探究话题的主要原因。近些年不少华人学者认为中国传统文化更多的是一种儒家的关系主义，而非西方学者通常认为的集体主义。分析这种传统的儒家关系主义对人肉搜索现象的影响，在阅读了大量文献后，我们以其中最为相关的三点组成一个分析框架：核心价值、该价值观对个人的自律要求、为使社会成员接受和履行核心价值的外在他律。与西方个人主义相比较，华人文化比较注重道德自律以及熟人圈子的舆论激励和约束，而法律并不是最重要的他律手段。

概念四：从不同方面分析原因

概念五：文化因素分析

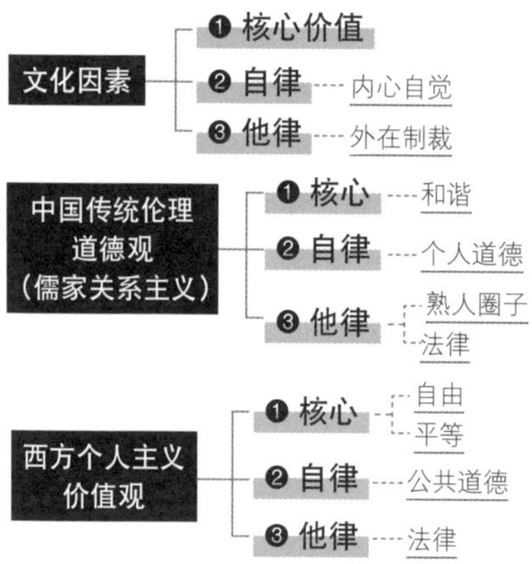

●● 话题四　法律与秩序：如何用法律制止网络暴力？

由社交媒体的广泛使用带来的网络暴力问题，无论是单纯的网络霸凌，还是人肉搜索，甚至从网络延伸到现实的暴力，往往会造成相当严重的后果。然而，如何用法律制止网络暴力却遇到诸多现实困境。其中较为深层次的原因是华人公众意识对隐私的淡漠及对道德正义的重视，也因此在法律层面引发“隐私权”和“言论自由”的争论。这两个法律概念可以作为这个话题的重要概念。这里还可以启发学生一个概念性理解：不同文化的伦理道德观会要求不同的法律体系。

尽管如此，华人社会不断完善各自的法律以应对网络暴力这一新的挑战。例如：最高人民法院 2014 年 10 月 10 日公布施行《关于审理利用信息网络侵害人身权益民事纠纷案件适用法律若干问题的规定》。2017 年 1 月 6 日起施行《最高人民法院、最高人民检察院关于办理侵犯公民个人信息刑事案件适用法律若干问题的解释》。这一单元也可以探究另一个概念性理解：参与网络暴力、人肉搜索可能会带来刑事法律责任。

台湾在经历了几次人肉搜索虐猫事件后，于 2007 年第五次修订的《动物保护法》中将动物虐待行为“入罪化”，大陆的这一法律尚处在征求意见阶段。从这个意义上说，人肉搜索事件对法律的完善也发挥了正面的意义。

根据学生的接受程度和兴趣，在有条件的情况下，可以考虑学生分组探究不同的问题。

概念六：隐私权 vs. 言论自由

概念性理解七：不同文化的伦理道德观会要求与之相适应的法律体系

参与网络暴力、人肉搜索会带来刑事法律责任

● 框架原则 E：根据 IB 评估标准进行教学评估活动设计

在下面这张网络暴力大主题的内容和评估设计图中，我们根据 IB 新大纲的评估要求，安排设计了各话题单元的教学评估活动。

主题五 网络暴力

❶ 媒体与暴力：什么是网络暴力？

> ① IB 试卷一写作
> 日记 / 博客 / 电邮
> 参与者或旁观者视角

- **网络暴力的定义**
  - 社会暴力在网络上的延伸
  - 网络事件
    - 已经证实
    - 未经证实
  - 动机
    - 道德审判
    - 网络霸凌
  - 方式
    - 多媒体网络暴力手段
    - 人肉搜索
    - 线下暴力
- **网络暴力的特点**
  - 网络媒体传播三要素
    - 讯息（选择性）
      - 正义性
      - 戏谑性
    - 信源（传播者）、信宿（接受者）— 传受合一
      - 意见领袖 / 大V
      - 青少年 / 年轻人
  - 网络传播平台特点
    - 自由开放、自发参与 — 参与者
      - 青少年、键盘侠 — 媒介素养偏低 → 极易失控
    - 匿名参与、虚拟环境 — 道德责任感降低 — 极易失控

❷ 健康与幸福：网络暴力有什么危害？

> ② IB 试卷一写作
> 日记 / 博客 / 电邮 / 演讲稿
> 受害者 / 朋友 / 家人 / 医生视角

- **侵犯隐私 损害名誉**
- **心理伤害**
  - 孤立、无助
  - 忧郁、恐惧
  - 自闭
  - 绝望
- （侵犯隐私、损害名誉；心理伤害）→ 严重影响生活
  - 健康 — 失眠、患病
  - 学习
    - 成绩下降
    - 旷课、逃学、辍学
  - 工作
  - 社交
- **现实暴力**
  - 殴打、虐待
  - 自杀、谋杀

❸ 伦理与道德：为什么人肉搜索在华人社会盛行？

> ③ IB 个人口头活动
> 从具体的沉溺社交网络、网络暴力事件出发，探讨背后的深层文化因素。

- **网民因素**
- **网络媒体因素**
- **法律因素**
- **社会因素**
- **文化因素**
  - 中国传统伦理道德观（儒家关系主义）
    - 核心：和谐 Harmony
      - 家庭关系（核心）
        - 血缘 = 纽带
        - 父子 — 辈分 — 父子有亲
        - 兄弟 — 年龄 — 长幼有序
        - 夫妇 — 性别 — 男尊女卑
      - 亲属关系 — 血缘亲疏有别
      - 社会 — 类亲属关系
        - 君臣有义
        - 朋友有信
    - 自律：个人道德
      - 正义感强
      - 道德意识强
    - 他律
      - 熟人圈子 — 面子
        - 舆论激励
        - 舆论约束
          - 隐私意识薄弱
          - 道德法律化 → 法律
      - 法律
  - 西方个人主义价值观

❹ 法律与秩序：如何用法律制止网络暴力？

> ④ IB 个人口头活动
> 口头辩论 / 小组讨论
> 网络是否应该实名制？
> 人肉搜索是否合法？
> 言论自由还是侵犯隐私？
> ……

- **法律**
  - 网络暴力参与人
    - 民事责任
    - 刑事责任
  - 社交媒体平台
    - 追责
    - 网络监管措施
  - 有关网络暴力的现有法律
  - 法律问题
    - 无法可循
    - 法律漏洞
    - 法不责众
- **应对根源 应对后果**
  - 个人 / 青少年
  - 父母
  - 学校
  - 网络媒体平台
  - 社会
  - 政府

教学评估活动：

话题	评估活动
话题一　媒体与暴力： **什么是网络暴力?**	试卷一写作（日记/电邮/博客） 从参与者或旁观者的视角解释参与人肉搜索的动机、方式以及网络社交媒体的匿名性、虚拟性、开放性、自由性等特点怎样促成了网络暴力。
话题二　健康与幸福： **网络暴力有什么危害?**	试卷一写作（日记/博客/电邮/演讲稿） 从受害者/朋友/家人/医生视角描述网络暴力带给受害者的身心伤害。
话题三　伦理与道德： **人肉搜索在华人社会盛行的原因是什么?**	个人口头活动 模拟校内评估 IA，使用抽象阶梯工具，从具体的沉溺社交网络、网络暴力事件出发，探讨背后的深层文化原因。
话题四　法律与秩序： **如何用法律制止网络暴力?**	互动讨论：全班或小组讨论、辩论 人肉搜索是言论自由还是侵犯隐私? 为了维护正义的人肉搜索是否合法? 网络是否应该实名制?

二　单元教学设计重点

下面的思维导图汇总了网络暴力大主题下四个教学单元的概念、教学内容及评估活动。

1. 媒体与暴力：什么是网络暴力？

- ❶ 概念
  - 传播三要素 3 Basic Elements of Communication
  - 网络社交媒体传播 Communication in Social Media
  - 网络暴力 Cyber Violence
    - 网络霸凌 Cyber Bullying
    - 人肉搜索 Human Flesh Search
- ❷ 教学内容
  - 什么是网络暴力？
  - 参与网络暴力的动机有哪些？
  - 网络暴力是怎么发生的？
  - 什么是人肉搜索？什么是网络霸凌？
  - 网络暴力有什么特殊性？
- ❸ 教学评估
  - IB 评估：试卷一写作（日记 / 电邮 / 博客）
  - 教学评估：写作
    - 从参与者或旁观者的视角解释参与人肉搜索的动机、方式以及网络社交媒体的匿名性、虚拟性、开放性、自由性等特点怎样促成了网络暴力。

---

2. 健康与幸福：网络暴力有什么危害？

- ❶ 概念
  - 健康的定义 Definition of Health
- ❷ 教学内容
  - 什么是健康？（WHO 的健康定义）
  - 心理健康与社交适应性为什么重要？
  - 网络暴力在身体、心理、社交方面造成什么伤害？
  - 网络暴力对受害者的正常生活造成什么样的影响？
  - 遭遇网络暴力该怎么办？
- ❸ 教学评估
  - IB 评估：试卷一写作
  - 教学评估：写作
    - 写作（日记 / 博客 / 电邮 / 演讲稿）从受害者 / 朋友 / 家人 / 医生视角描述网络暴力带给受害者的身心伤害。

3. 伦理与道德：为什么人肉搜索在华人社会盛行？

- ❶ 概念
  - 从不同方面分析原因
  - 和谐 / 自律 / 他律
- ❷ 教学内容
  - 华人传统伦理道德观中的和谐指的是什么？
  - 华人家庭成员之间的关系怎样影响他们的社会关系？
  - 儒家的关系主义伦理道德对个人的自律有什么要求？
  - 华人社会的主要他律手段有哪些？和西方有何区别？
  - 为什么人肉搜索在华人社会盛行？
- ❸ 教学评估
  - IB 评估：个人口头活动
  - 教学评估：模拟校内评估 IA
    - 使用抽象阶梯工具，从具体的沉溺社交网络、网络暴力事件出发，探讨背后的深层文化原因。

---

4. 法律与秩序：如何用法律制止网络暴力？

- ❶ 概念
  - 隐私权
  - 言论自由
  - 不同文化的伦理道德观会要求与之相适应的法律体系
  - 参与网络暴力、人肉搜索会带来刑事法律责任
- ❷ 教学内容
  - 人肉搜索是言论自由还是侵犯隐私？
  - 为了维护正义的人肉搜索是否合法？
  - 法不责众，参与人肉搜索真的会犯法吗？
  - 社交媒体用户是否应该实名制？
  - 没有动物保护法，怎样惩罚伤害动物的人？
- ❸ 教学评估
  - IB 评估：个人口头活动
  - 教学评估：小组讨论
    - 阅读相关文章后，全班互动讨论：
人肉搜索是言论自由还是侵犯隐私？
为了维护正义的人肉搜索是否合法？
社交媒体用户是否应该实名制？

第六节　参考案例 1—— 学中文

一　设计框架

● 框架原则 A：与现实生活（家庭、学校、社会）紧密结合

学中文成为 IB 中文课的话题看起来自然而然，甚至颇有些理直气壮，但实际上，我们却是在学生遇到各种各样的问题后，才逐渐意识到语言习得课上深入研究这个话题的重要性。从一开始外国学生抱怨中文难学，到后来发现有一定文化背景、上高级课程的学生对这一语言也是一知半解，笔者慢慢萌发了以“学中文”做一个学习单元的想法。选择这个话题是期望能够激发学生的学习动机，发现有效的学习策略，了解学中文对提高认知能力及培养开放积极心态等方面的作用，尤其是语言 B 大纲中一直强调“语言与（文化 / 自我 / 身份）认同”这一话题，这也是 IB 学校学生面临的重要问题。对一些有条件的学校，这个话题中的一些内容也可以在 IB 前的相关课程中引入。

选定话题：学中文

● 框架原则 B：以华人世界独特的经济文化现象为线索

中文作为一门语言，尤其是汉字作为世界现存语言中唯一的一种非拼音

文字，对中国文化和中国人的思维方式产生了巨大的影响。随着中国的高速发展，西方也开始从文化认知神经科学和心理学等不同学科的角度关注中文和汉字对认知和心理的影响。新的发现使人们重新审视西方语言学界一直认为的汉字是原始落后文字的结论。斯坦福大学中国历史学副教授墨磊宁（Thomas S. Mullaney）2016 年在 *Foreign Policy* 杂志上发表了一篇《中文不是落后语言》的文章；香港中文大学心理学系张学新教授 2012 年发表在《科学通报》上的论文指出，汉字是一种视觉文字，而拼音文字是听觉文字，两者共同构成人类文字最高发展阶段仅有的两个类型。

选定话题：汉字

● 框架原则 C：确定单元大主题（Big Theme）内容框架图以及相关的 IB 主题下的话题（Topic）

•• C1: 确定大主题

结合框架原则 A 和 B，我们选定大主题“学中文”。

•• C2: 画出大主题内容框架图

文献阅读

有关学中文这个大主题的视频、网上学习工具、经验分享、新闻报道和研究论文非常丰富，其中有不少近些年出版的文化认知心理学领域的中英文研究资料。

大主题内容框架图

我们可以把文献阅读的重点内容归纳整理为以下的框架图。

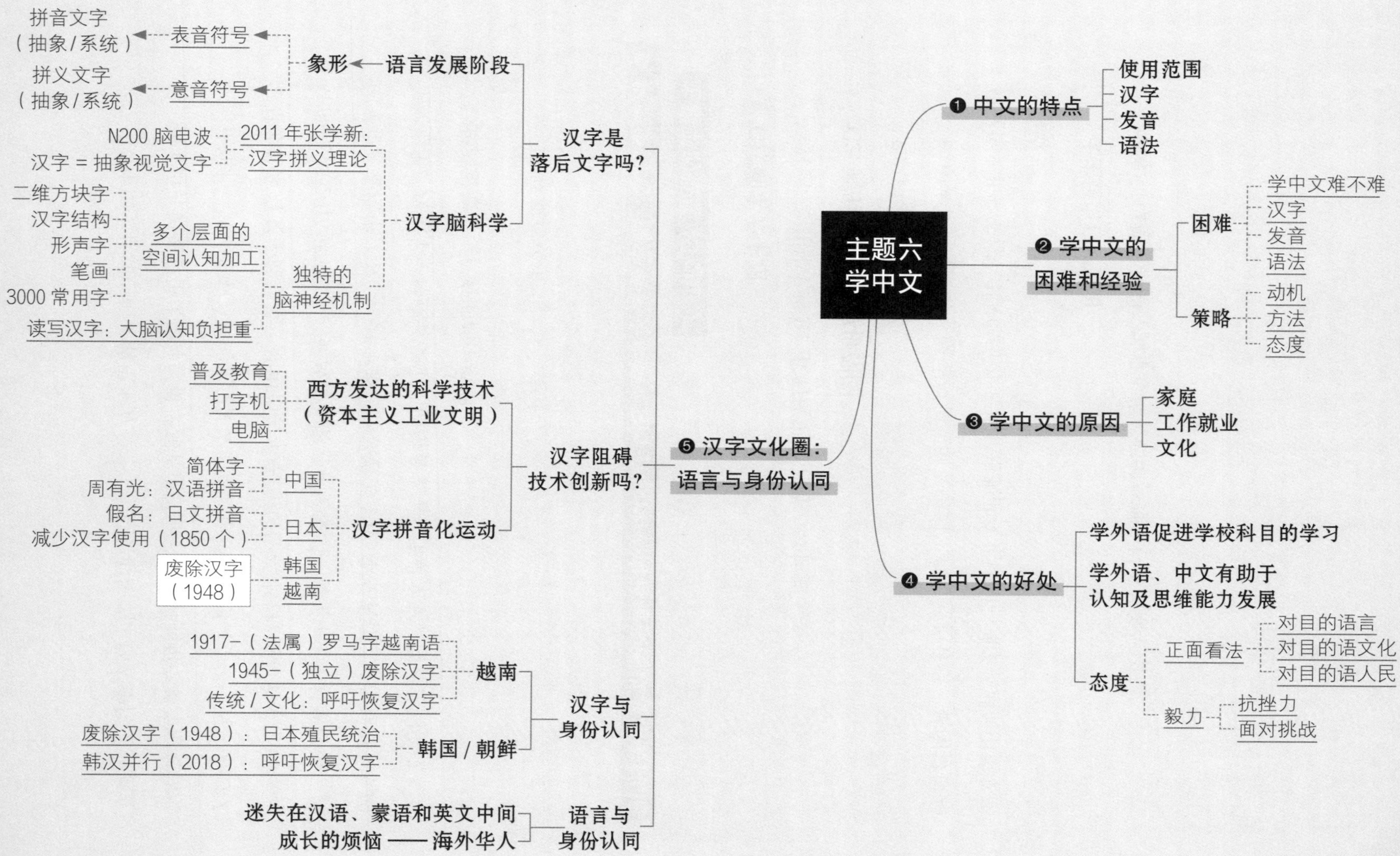
主题六
学中文
❶ 中文的特点
使用范围
汉字
发音
语法
❷ 学中文的
困难和经验
困难
学中文难不难
汉字
发音
语法
策略
动机
方法
态度
❸ 学中文的原因
家庭
工作就业
文化
❹ 学中文的好处
学外语促进学校科目的学习
学外语、中文有助于
认知及思维能力发展
态度
正面看法
对目的语言
对目的语文化
对目的语人民
毅力
抗挫力
面对挑战
❺ 汉字文化圈：
语言与身份认同
汉字是
落后文字吗？
语言发展阶段
象形
表音符号
拼音文字
（抽象 / 系统）
意音符号
拼义文字
（抽象 / 系统）
汉字脑科学
2011 年张学新：
汉字拼义理论
N200 脑电波
汉字 = 抽象视觉文字
独特的
脑神经机制
多个层面的
空间认知加工
二维方块字
汉字结构
形声字
笔画
3000 常用字
读写汉字：大脑认知负担重
汉字阻碍
技术创新吗？
西方发达的科学技术
（资本主义工业文明）
普及教育
打字机
电脑
汉字拼音化运动
中国
简体字
周有光：汉语拼音
日本
假名：日文拼音
减少汉字使用（1850 个）
韩国
越南
废除汉字
（1948）
汉字与
身份认同
越南
1917-（法属）罗马字越南语
1945-（独立）废除汉字
传统 / 文化：呼吁恢复汉字
韩国 / 朝鲜
废除汉字（1948）：日本殖民统治
韩汉并行（2018）：呼吁恢复汉字
语言与
身份认同
迷失在汉语、蒙语和英文中间
成长的烦恼 —— 海外华人

●● C3: 参照 IB 主题确定教学单元话题

在左图的学中文大主题内容框架下，我们需要参考 IB 主题和话题组织教学单元。同时，还要考虑两类话题：第一类侧重培养学生的“记忆”“理解”“应用”等基本技能，第二类则适合培养学生的“分析”“评价”“创造”等高阶技能。

根据 IB 大纲指定的内容，我们可以从下面这些角度来研究学中文这个大主题：

话题一　健康与幸福：学中文对锻炼大脑有什么作用？

话题二　科学与技术：汉字与中国近代科学技术落后有什么关系？

话题三　语言与认同：我从哪儿来？我是谁？

以上三个教学话题直接涉及到的 IB 主题有：主题一“身份认同”中的话题“健康与幸福”、主题三“发明创造”中的话题“科学与技术”、主题一“身份认同”中的话题“语言与认同”。

● 框架原则 D：以概念统领整合主题单元的创作及教学活动

有关学中文这一主题下的三个话题单元，涉及到文化认知心理学、科学技术史以及社会语言学和心理学的一些概念。在有条件的情况下，建议教师们广泛阅读，先建立起最基本的概念。这些概念对选择教学材料、设计教学任务相当有助益。此外，语言 B 新大纲中包括的本学科内的概念性理解在下一部分设计教学评估活动时是重要的概念依据。

● 框架原则 E：根据 IB 评估标准进行教学评估活动设计

教师们在具体设计教学环节时，特别是第三个话题“语言与认同”，要根据学生的文化背景和中文水平选择适当的教学材料。比如，如果学生来源多样，且多为“第三文化青少年（Third Culture Kids）”，那话题就可以尽量围绕英语、母语以及所在国语言对他们语言文化认同的影响。学生有无中国文化背景，是来自汉字文化圈国家，还是来自毫无中国文化背景的其他国家，他们学习中文这门语言，或多或少都会碰到文化认同这个话题。部分学生在一定的引导下，可以考虑做中文 B 的 EE 研究。

第七节　参考案例 2——地理与环境

一　设计框架

● 框架原则 A：与现实生活（家庭、学校、社会）紧密结合

学习 IB 中文 B 的学生在生活中或多或少都与中国有某种程度的接触，但把中国地理作为一个学科来学习的人可能不算多。然而，任何一种文化，包括语言，都深深地烙上了地理环境的印记。中国幅员广阔，文化丰富多样，尤其是近些年，中外人文科学领域对东西方文化和思维方式的差异显现出日益浓厚的兴趣，发表了不少与地理环境因素相关的研究成果。在中文媒体上也有很多关于这些研究成果的讨论，为我们提供了极好的学习材料。

选定话题：中国地理

● 框架原则 B：以华人世界独特的经济文化现象为线索

中国经济保持了三十多年的高速发展，却付出了惨重的环境代价。从早期的沙尘暴，到后来的土壤水源污染，再到近些年的雾霾，环境问题常年成为新闻头条。同时，环境问题也成为全球共同面临的挑战，在联合国倡导的 2030 年十七个可持续发展目标中，直接与环境相关的目标就有六个。

选定话题：环境问题

● 框架原则 C：确定单元大主题（Big Theme）内容框架图以及相关的 IB 主题下的话题（Topic）

•• C1: 确定大主题

•• C2: 画出大主题内容框架图

文献阅读

大主题内容框架图（见右图）

•• C3: 参照 IB 主题确定教学单元话题

根据文献阅读后整理的地理与环境大主题内容框架，我们需要参考 IB 主题和话题组织教学单元。同时，考虑选择培养学生的“记忆”“理解”“应用”等的基本技能以及培养学生的“分析”“评价”“创造”等高阶技能。

根据 IB 大纲指定的内容，我们可以从下面这些角度研究地理与环境这个大主题：

话题一　城乡环境：中国东西部差异为什么这么大？

话题二　价值观：南北方人的价值观和思维方式为什么如此不同？

话题三　环境问题：面对全球性的环境挑战，我们能做什么？

以上三个教学话题直接涉及到的 IB 主题有：主题五“共享地球”中的话题“城乡环境”、主题一“身份认同”中的话题“信仰与价值观”、主题五“共享地球”中的话题“环境”。

● 框架原则 D：以概念统领整合主题单元的创作及教学活动

有关地理与环境这一主题下的三个话题单元，主要涉及地理学的一些概念，也包括认知心理学的内容。我们在前面章节中提到过的问题分析流程（问题—原因—后果—解决）也可以在这个单元强化。

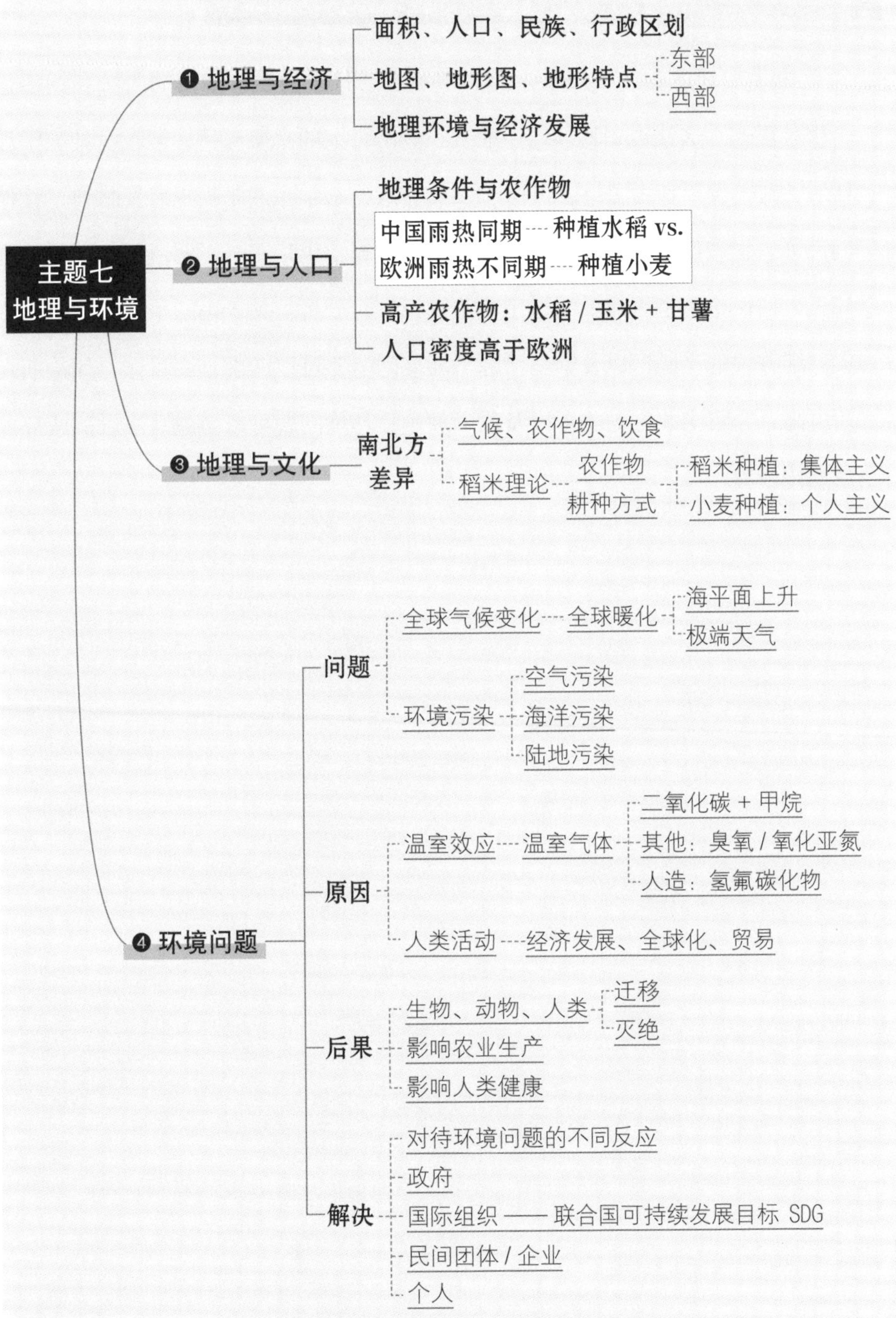
主题七
地理与环境
❶ 地理与经济
面积、人口、民族、行政区划
地图、地形图、地形特点
东部
西部
地理环境与经济发展
❷ 地理与人口
地理条件与农作物
中国雨热同期 种植水稻 vs.
欧洲雨热不同期 种植小麦
高产农作物：水稻 / 玉米 + 甘薯
人口密度高于欧洲
❸ 地理与文化
南北方差异
气候、农作物、饮食
稻米理论
农作物
耕种方式
稻米种植：集体主义
小麦种植：个人主义
❹ 环境问题
问题
全球气候变化
全球暖化
海平面上升
极端天气
环境污染
空气污染
海洋污染
陆地污染
原因
温室效应
温室气体
二氧化碳 + 甲烷
其他：臭氧 / 氧化亚氮
人造：氢氟碳化物
人类活动
经济发展、全球化、贸易
后果
生物、动物、人类
迁移
灭绝
影响农业生产
影响人类健康
解决
对待环境问题的不同反应
政府
国际组织 —— 联合国可持续发展目标 SDG
民间团体 / 企业
个人

● 框架原则 E：根据 IB 评估标准进行教学评估活动设计

由于地理话题并不是学生们非常熟悉的日常话题，涉及的语法和词语也会相对正式，这就需要教师们多准备一些语言上的鹰架支持，但在设计教学评估活动时，可以参考 IB 内部评估 IA 的方式，给学生两张视觉启发材料，让他们挑选一张做口头表达和讨论。这样可以考查学生是否真正明白了相关的地理知识，在讨论中是否能灵活运用这些知识进行分析。关于第二个话题“南北方人思维方式的不同”以及第三话题“环境问题”可以考虑书面写作，如给朋友写电邮，介绍南北方的美食以及稻米理论；环境问题可以考虑写演讲稿或环保活动传单等。

附录

- IB 学生的优势何在?
- 《青春派》: 畸形高考，残酷青春!
- 中国高考不好考，美国考大学就容易吗?
- 除夕 | 故岁今宵尽，新年明日来
- 概念型大主题单元创作框架

附录 1 IB 学生的优势何在？

文章来源：知乎 http://www.zhihu.com/question/21318408
原文署名：Harry

知乎是一个真实的问答社区，在这里分享知识、经验和见解，发现更大的世界。

问题：相比其他预科课程（如 AP、A-level 等）的学生，IB 学生申请美国学校会有什么样的优势？大学会比较重视 IB 所培养的哪些能力？

中国人民大学附属中学高中学生 Harry 的回答：

首先，IB 是一套极为完整的课程体系，这点和 AP、A-Level 都不一样。因为 AP、A-Level 的最终考评方式都是考试，而且这些考试是纯学术的学科考试。IB 有很多独特的、学术外的东西。

比如在美国你修 5 门 AP，你可以在家自学，在学校教师带着学，或者在家父母教你学，只要最后去考试就行。这次考试的成绩就用来评估你对该学科的掌握能力。但 IB 不一样，首先除了学术科目，IB 还有三个核心课程：认识论（TOK）、专题论文（EE）和创造、活动与服务（CAS），分别锻炼你的思考能力、大学论文和学术报告写作能力，以及学术之外的综合素质。这些学术之外的内容对于一个人综合能力的培养非常重要，这些内容是其他两种课程都没有的。而 IB 的这个特点决定了 IB 学生不能像 AP 学生那样在家自学。

其次，IB 的学术课程绝不是"一考定终身"。每个科目的成绩由内部评估（IA）以及最后的全球统一考试构成，能够减少一次考试带来的偶然性。

另外，每个科目都由 TOK 知识理论课联系到一起，相辅相承。比如说物理在研究经典力学时会涉及当时的历史事件，TOK 将物理和历史两门学科联系到了一起。

最后，IB 是三种课程中唯一设有选课模块的课程，包括母语、外语、人文科学、科学、数学以及艺术和选修课六个模块。这样的选课设置使得 IB 学生极为全面，通俗点儿说，就是大学喜欢这样的学生。

美国大学普遍对 IB 学生“有一定的偏爱”，他们申请入学时有一定优势。但 IB 最大的优势绝不在申请入学，而是在进入大学，乃至大学毕业步入社会后才能明显地体现出来。设想其他学生在为大学论文抓耳挠腮时，IB 学生在高中毕业前就写过同等水平的毕业论文（EE）了。毕业以后你可能还会发现，其实开创公司和做 CAS 活动本质是一样的。

IB 的其他优势还有好多好多。

附录 2 《青春派》：畸形高考，残酷青春！

文章来源：豆瓣影评 https://movie.douban.com/review/6220492/
原文署名：列文

《青春派》这部国产影片不仅在上海电影节斩获了最佳影片奖和最佳男主角奖，更让观众看到了中国高中生真实的高考和情感生活，很容易引起每一个有过高考经历的青年人的共鸣。更重要的是，影片真实地展现了“千军万马过独木桥”的残酷高考，让人无法不对高考制度和我们这个社会产生某种思索。

《青春派》应该是青春校园类型的作品中第一个大篇幅表现中学生恋情的国产电影。影片一开始，男主角居然就当着全班师生的面，用一句泰戈尔的爱情名言向心中的“女神”黄晶晶表白。在高考五天前，他为了去见“女神”翻窗坠楼而摔伤。在高考考场上又因为恋情而无法专心答题，导致“女神”考上了复旦大学，而他只能复读的结局。“女神”上大学后对他逐渐冷淡，直到有一天当面对他说“我是有点儿喜欢你，但这跟男女朋友不一样……”，居然因此坠入了失恋的深渊。对心爱女生的暗恋与追求、遭遇失恋打击的痛苦与迷惘，影片的真实感很容易引起观众对高中岁月的情感共鸣。

如果说情感戏是本片的一抹亮色的话，那么跟高考有关的学习生活就基本上是荒诞、压抑、扭曲的黑暗了。“一考定终身”的考试制度给学生、家长、教师三方都带来巨大的压力。作为学生，片中的孩子们在春节假期也要回学校补课，模拟考试第一类本科大学（一本）上线率不到 70% 就会遭到班主任的训斥，考得最差的学生甚至被班主任大骂“滚出去”。作为家长，居然的母亲在学校附近专门租了一套房子陪儿子准备高考，也因此与丈夫几乎爆发婚姻危机。作为教师，班主任撒教师身上背负着 100% 一本升学率的压力，使得她脸上的阴晴全因学生成绩的好坏而定。而她面对学生家长说的一番话，更是将高考的扭曲和荒诞展露无遗。“高考不仅仅是考学生，也是考家长！现在没有什么比你的孩子高考更重要的事了，所以你们有要破产的，先坚持坚持，好好儿熬过这 158 天；有要离婚的，也请先凑合凑合，等过了这半年再说。现在你们的最高使命就是高考！”

高考的沉重压力确实显得残酷、非人性，但不这样又能如何呢？在现行的应试教育体制下，学生的学习几乎全是被动的，毫无兴趣可言，教师只有不断施压，才能推动学生进步。班主任撒教师因车祸住院，换了一个不那么严厉的代班主任，班级的成绩立刻就下来了。片中还有一个来自贫苦农村、学习刻苦的学生周强，高考对于他来说就是最公平的、改变命运的唯一机会。另外，撒教师训斥齐明智的一番话，更是不经意地说明了高考的残酷源于现实社会的残酷。“你说你，拼爹拼不过，你还不拼你自己？你一个三无人员，无钱无权无势的，上个像样的大学，将来找个好工作，要不然你将来怎么办啊你？”虽然撒教师给人的第一印象是严厉、荒诞与扭曲的，但这些并非她的真实人性，而是残酷高考和升学压力让她不得不戴上的面具。影片结尾她对学生们的真情表白，表明她最终的目的也只是“希望你们每一个人，都可以有一个美好人生的开始”。居然最后对撒教师说“我们忘不了你，因为我们真的恨你，但我们也爱你”，这句话代表了全班同学对撒教师复杂而真挚的情感。

《青春派》既通过生动的角色和台词娱乐了观众，又通过真情实感和社会现实引发了观众的思考，是一部令人印象深刻的好电影。

（改写：吉华）

附录 3　中国高考不好考，美国考大学就容易吗？

文章来源：联合新闻网 http://www.zaobao.com.sg/wencui/social/story20180301-839051
原文署名：唐兰兰
（原文摘自美国斯坦福大学、中国传媒大学双料硕士唐兰兰女士所著育儿畅销书《素养决定孩子的格局——斯坦福妈妈把美式教育带回国》）

一天和一个老友吃午饭，聊起高考的话题，老友说："中国高考不好考，你以为美国高考就容易啊？看我儿子在美国准备高考的那个劲头，可比我们当年在中国高考难多了啊！"

曾获得最高新闻奖普利兹奖的美国记者艾德华·休姆斯（Edward Humes），曾经花了一年时间，在一所美国公立高中体验，他得出这样的结论："4 是有魔力的数字：4 小时睡眠，4 杯拿铁，4.0"。也就是说，美国高中的孩子们为了得到最高的平均成绩 4.0，他们一天只睡四个小时，灌下四大杯拿铁咖啡，为的就是能够熬过一整夜。

美国教育从小强调批判性思考，所以很多时候高三的学生泡在图书馆里查资料、写论文，所写的论文要求自成逻辑、有独特的见地！就这一点来说，学习强度完全不亚于中国高三的孩子！

在美国，分数不是万能的，但没有好的分数却是万万不能的。一个美国大学招生组的朋友跟我说："分数不代表你的智商，但分数绝对代表你的学习能力。分数高说明你比别的学生拥有更好的归纳、总结、梳理知识的能力，只会死记硬背永远不可能获得高分。"另外，朋友还强调，"当我们拿到成绩单的时候，不仅要看分数，也要看科目，我们需要考查学生是否选择了对他来说最具有挑战性的科目。”

当孩子们在成绩上难分胜负的时候，课外活动就成为竞争的另一个战场。

美国教育非常强调培养孩子的领导力和团队合作精神，所以除了分数外，孩子们还要尽可能地多参加各式各样的社团活动，无形中会占用孩子们很多的课外时间。

除此之外，美国教育中“服务他人”的意识也被看得非常重，所以就算是高中生，每周花费一定的时间做志愿者帮助社区做些公益活动，也是美国好的大学非常看重的学生品质。

在美国大学申请表上有一栏是“特长”，学生不仅需要列出特长，表格下还需要注明“得奖地区”——州、全国，还是世界级的比赛。如果不是成绩特别优异，根本算不上特长。而特长栏空白的学生，基本上不可能被名校录取。

美国的高考更像一个社会选拔，每个家长和孩子都使出浑身解数，就为了能够鹤立鸡群，而这背后的艰辛，又岂是中国家长能够感受得到的？

我想告诉各位家长和孩子们：学习从来就是一件辛苦的事情！无论是中国的还是美国的高考，没有哪里的学生可以不通过艰苦的努力就换来好的成绩。

附录 4　除夕 | 故岁今宵尽，新年明日来

文章来源：微信公众号有礼有节微杂志 https://mp.weixin.qq.com/s/CVKZyZ_oPzRQtPICnASf2Q
原文署名：礼节君

欢乐的忙碌，幸福的团圆

所有节日中，我们最熟悉的就是过年。因为过年（除夕）穿新衣、吃美食、放爆竹、挂灯笼、收红包……美事不停，一家人团团圆圆、其乐融融。除夕，也叫大年三十，这天正值每年农历腊月的最后一晚。“除”即去除，“夕”是夜晚，除夕夜辞旧迎新，开启全新的一年。自古以来，除夕这天很受民间重视，活动也很多，人们贴春联、贴窗花、挂灯笼、燃爆竹、吃年夜饭、派压岁钱、通宵不眠……

贴春联，贴福字

春联是新年必不可少的元素。每年除夕，家家户户在家门口贴对联。对联一贴，新年的氛围马上就浓了。春联对仗工整，文字简洁，寓意圆满，这一中国独有的文学形式寄托着人们对新的一年的美好期许。贴好对联后，还要在门上贴金闪闪的“福”字。为表示福气到家，干脆把“福”字倒过来贴！

贴窗花，贴年画

在民间，年味表现在剪纸、年画上。手巧的妇人拿出大红纸，剪出各式窗花，有小孩儿抱鲤，有龙凤嬉游，有岁寒三友，一张红纸在剪刀游走下，变

幻出各种精美的图案。小小窗花集装饰性、欣赏性、实用性于一体，千百年来深受人们的喜爱。

若说装点节日，年画也不可或缺。浓墨重彩的年画将欢乐带给千家万户，这种古老的民间艺术，映照着人们的朴素信仰，寄托着人们对未来的憧憬。

新年味道：放爆竹

除夕的“硝烟味”十分特别，燃放的爆竹噼里啪啦响，此起彼伏，热闹非凡。“爆竹声中一岁除”，新年到来，人们开门的第一件事就是燃放爆竹。小孩儿们很喜欢爆竹，常常三五成群一起放爆竹，这是除夕的美好记忆，也是童年的美好记忆。

挂灯笼，祭祖

除夕入夜，人们挂起彩灯以示团圆，营造喜庆气氛。旧时过年，除夕夜家家户户点红烛，门口挂红灯笼，屋内屋外红光闪耀。一家人围桌而谈，其乐融融。年夜饭开始前，先要祭祖。人们在家中陈列供品，一般是一大碗鱼肉，然后按长幼次序上香跪拜。

守岁重头戏：压岁钱

除夕夜，长辈派压岁钱是小孩儿最喜欢的活动。过去物质不发达，小孩子们也只有在逢年过节的时候才能得到一些零用钱，因而对除夕夜的这个活动特别期待。长辈给晚辈发压岁钱的方式有很多种，有的是在年夜饭后，有的是放在枕头下。更多的则是孩子齐聚一团，高呼“新年快乐”，追在长辈的后面讨要红包，长辈不但不嫌烦，反而喜笑颜开，然后，孩子们人人分到一个大红包。

年夜饭：美食齐上桌

吃年夜饭是除夕节目的重中之重，这是春节最热闹、最愉快、最暖心暖胃的时候。大年夜，丰盛的佳肴摆满一桌，家人依次入座。年幼者看到美食，满心欢喜；年长者看到儿孙满堂，心中欣慰。饭桌上的大菜、冷盘、热炒、点心“争色斗香”；大瓷碗里，鸡、鸭、鱼、肉香气四溢；火锅热气腾腾，香气撩人……

当然，天南地北的人们喜欢的食物也不一样，所以又有了饺子、馄饨、长面、元宵等美食。北方人过年吃饺子，取“更岁交子”之意。又因饺子像元宝，取意“新年大发财，元宝滚进来”。

除夕也有禁忌，小孩儿要知道

说了那么多好看、好吃、好玩的，再来看看除夕的“注意事项”。虽然童言无忌，乖巧的小孩还是要懂得一些除夕的禁忌，如忌说鬼、死、杀等不吉利的词，忌打碎碗碟，忌恶声谩语……所以，小孩儿们也要聪明懂事，逢人开口只说吉利的话；吃饭时，长辈给夹菜，不说“不要”，而说“有了、饱了”；饭菜太多吃不完，要说“年年有余”；吃饭前要洗手祭祖，不乱动祭祖物品；不吵不闹，不大声喧哗……

美满新春又一年

吃过年夜饭，守岁到天明。全家人欢聚一堂，叙旧话新，看春晚、吃鲜果、嗑瓜子、玩儿扑克、通宵不眠，畅谈到天亮。“爆竹声中一岁除，春风送暖入屠苏。千门万户曈曈日，总把新桃换旧符。”这是写除夕诗歌中最广为人知的一首。人们期望爆竹和春联带给他们美好全新的一年。

附录5 概念型大主题单元创作框架

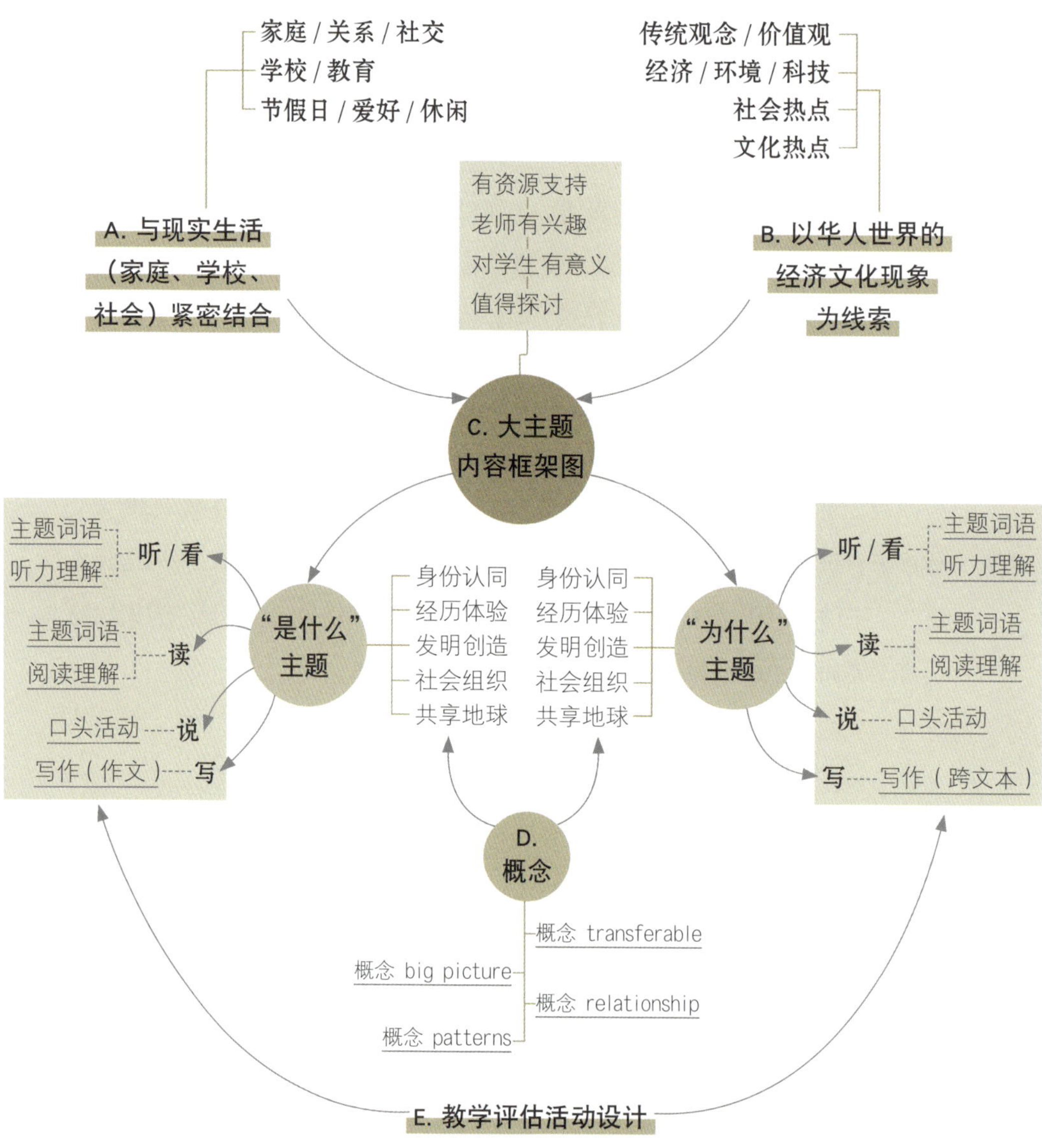

后记

2017–2018 学年结束了。2018 年 6 月 8 日，笔者在学年末的全校教职员工大会上收到了校长颁发的工作 15 年奖。把这 15 年积累的教学探索和思考总结成书，也算是对自己的一个交代。

写这本书的想法来自于与冯薇薇老师在北京的一次偶遇。那一年，微信以迅雷不及掩耳之势迅速蹿红，成为中文社交媒体的耀眼明星。一天在朋友圈看到冯老师发的一张照片，分明就是我家旁边的一间酒店外的美景。于是，毫不犹豫留言、核实、约时间，没想到冯老师百般繁忙，只能约在晚饭后 9 时。就是在俯瞰京城的热闹繁华之中，聊起 IB 中文 B 的教学感悟以及越来越多的 IB 新手教师的困惑，已经有几部大作出版的冯老师热情地鼓励我把这些感悟写下来，分享给大家。

回想起这之后与冯老师的多次讨论、切磋，有时聊到午夜才分别，心里十分感激这得来不易的缘分。香港三联书店的郑海槟先生在书稿的写作过程中给予了极大的热情、鼓励和耐心，使得我可以有时间写出自己还算满意的内容。

最期待的是这本书能对教师们有所启发，创作出学生们容易接受、适合自己教学兴趣和风格、满足 IB 教学评估要求的个性化中文课程。今天的中文媒体资源如此丰富，如何才能利用好这些资源为教学和学习服务？希望这个基于真实语料和概念的大主题单元创作框架能在教师们探究中文 B 教学设计的过程中助一臂之力。

吉华
2019 年 1 月

视觉形象设计　靳刘高创意策略
责任编辑　郭　杨
书籍设计　任媛媛
排　　版　杨舜君

书　　名　IBDP 中文 B 大主题单元创作（简体版）
IBDP Chinese B Authentic Theme-Based Unit Design
(Simplified Charater Version)
编　　著　吉　华　冯薇薇
出　　版　三联书店（香港）有限公司
香港北角英皇道 499 号北角工业大厦 20 楼
Joint Publishing (H.K.) Co., Ltd.
20/F., North Point Industrial Building,
499 King's Road, North Point, Hong Kong
香港发行　香港联合书刊物流有限公司
香港新界大埔汀丽路 36 号 3 字楼
印　　刷　美雅印刷制本有限公司
香港九龙观塘荣业街 6 号 4 楼 A 室
版　　次　2019 年 3 月香港第一版第一次印刷
规　　格　16 开（170 × 240 mm）192 面
国际书号　ISBN 978-962-04-4397-8

JPC
HK